1인
기업이
갑이다
실 전 편

1인 기업으로 가는 6단계 전략

1인 기업이 갑이다: 실전편

지은이 | 윤석일
펴낸곳 | 북포스
펴낸이 | 방현철

편집자 | 공순례
디자인 | 엔드디자인

1판 1쇄 찍은날 | 2014년 11월 14일
1판 1쇄 펴낸날 | 2014년 11월 21일

출판등록 | 2004년 02월 03일 제313-00026호
주소 | 서울시 영등포구 양평동5가 18 우림라이온스밸리 B동 512호
전화 | (02)337-9888
팩스 | (02)337-6665
전자우편 | bhcbang@hanmail.net

이 도서의 국립중앙도서관 출판시도서목록(CIP)은 e-CIP 홈페이지(http://www.nl.go.kr/ecip)와
국가자료공동목록시스템(http://www.nl.go.kr/kolisnet)에서 이용하실 수 있습니다.
(CIP제어번호: 2014031016)

ISBN 978-89-91120-81-5 03190
값 13,000원

1인 기업이 갑이다

| 실 전 편 |

1인 기업으로 가는 6단계 전략

윤석일 지음

북포스

이 책을
사랑하는 부모님께 바칩니다.

지금, 이곳에서
시작하자

2013년 《1인 기업이 갑이다》가 출간되고 나서 너무나 큰 사랑을 받았다. 나 역시 '베스트셀러 작가'라는 과분한 이름을 얻었다. 이 지면을 빌려 모든 독자께 감사함을 전한다.

첫 책의 출간 이후 수많은 독자 메일을 받았다. 1인 기업으로 가는 구체적인 방법을 묻는 메일이 대부분이었고, 강연장에서도 비슷한 질문을 많이 받았다. 그렇지만 메일이나 강연장의 질의응답으로는 구체적인 방법을 설명하기에 제약이 많았다. 나는 물론이고, 질문하신 분들도 아쉬움을 느꼈으리라. 이런 아쉬움과 우리나라 실정에 맞는 1인 기업 프로세스가 필요하다는 생각으로 두 번째 책을 기획했다.

기획 과정에서 수많은 현역 1인 기업을 연구했다. 관련 책을 찾아 정보를 얻고, 거기에 나의 개인적인 경험을 보태가며 1인 기업으로 가는 공통된 일련의 과정을 발견했다. 요약하면, '천직 찾기 – 관점 바꾸기 – 최소수입 창출 – 나만의 파이프라인 구축 – 수입원의 다각화와 집중화 – 지속 성장하는 1인 기업'이다.

이 책에서는 이러한 과정을 '1인 기업으로 가는 6단계'로 명명하고 차근차근 풀어냈다.

이처럼 일종의 프로세스를 정립할 수 있을 만큼 대한민국 1인 기업 열풍은 거세며, 갈수록 강도가 더해가고 있다. 정부와 관련 기관, 언론, 대학교 등에서 많은 지원책을 내놓고 있지만 어디까지나 보조적 지원일 뿐이다. 모든 걸 스스로 해결해야 하는 사정에는 변함이 없고, 일정한 단계를 밟아야 1인 기업으로 자리 잡는다는 사실도 달라지지 않았다. 그러기에 한 번의 이벤트가 아니라 평생 현역으로서 지속 성장하는 1인 기업을 꿈꾸는 사람이라면 이 책에서 의미 있는 실마리를 얻을 수 있을 것으로 생각한다.

6단계라 해서 반드시 1단계부터 읽어야 한다는 얘기는 아니다. 자신의 처지와 상황에 맞는 부분에서 힌트를 얻듯 찾아 읽으면 된다. 예컨대 지금 1인 기업을 하고 있거나, 6단계 중 어느 정도 단계를 밟고 있는 사람이라면 앞쪽은 넘어가도 무방하다. 하지만 1인 기업을 생각으로만 담고 있고 주저하고 있다면 첫 단계부터 차례 차례 밟아나가길 바란다.

우리 일생은 '일'과 '삶'을 분리해서 생각할 수 없다. 일하는 시간은 물론 일을 하기 위해 필요한 수면 시간과 휴식 시간, 지식을 습득하는 교육 시간 등 대부분의 시간이 일 중심으로 돌아간다. 그러므로 만약 일이 불행하다면 삶이 불행해질 수밖에 없다. 이런 까닭에 섣불리 행동에 나서지 못하는 직장인도 많다. 혹시나 실패하면 어쩌나 하는 두려움에 이러지도 못하고 저러지도 못하는 상황이다. 이런 분들이 의외로 많다는 걸 알기에 조직 내 1인 기업에 관해서도 비중 있게 다뤘다. 몸은 조직에 있지만, 심리적 독립을 유지하며 일할 수 있게 '일의 관점'을 바꾸는 방법이다.

모두가 내가 하고 싶은 일을 하며 살 순 없다. 하지만 누구는 가능하다 믿고 안정된 수입이 있는 '지금, 이곳에서' 준비한다. 준비하는 과정에 금전적, 시간적, 감정적 손해가 발생할 수 있는데 그 손해를 예상하고 각오를 다지는 것이다. 이런 사람은 항상 소수이기에 내가 하고 싶은 일을 하는 사람도 항상 소수다. 1인 기업은 하고 싶은 일을 하고, 살고 싶은 삶을 사는 소수의 사람이다.

내가 좋아하고, 잘할 수 있는 일을 하며 사는 소수의 사람은 '지금, 이곳에서' 6단계를 밟고 준비했다. 그 단계를 풀려보려고 한다. 일과 삶을 하나로 생각하고 일에서 행복함을 느끼며 내가 가진 재능과 능력을 남김없이 발휘하는 1인 기업의 삶을 응원한다.

계절의 변화를 알리는 9월 마지막 날, 기차 안에서

윤석일

:: **차례** ::

프롤로그: 지금 이곳에서 시작하자

1부 | 1인 기업 열풍 속에서

01 열풍에 휘둘리지 않는 전략가의 눈 … 16
02 죽기 전 우리는 어떤 후회를 하는가 … 22
03 시간이라는 기차는 멈추지 않더군요 … 29
04 시작하기에 늦은 나이란 없다 … 36
05 가까이서 스승을 발견하라 … 42

2부 | 1인 기업으로 가는 6단계 전략

● 1단계 | 나에게 맞는 천직을 찾아라

01 '이만하면 됐어'를 경계하라 … 51
02 관찰하고 실험하고 검증하라 … 58
03 안정이라는 유혹을 물리쳐라 … 65
04 나한테 당연한 것을 찾아라 … 70
05 '지금 이곳에서' 시작하라 … 76

● **2단계 | 직장이 아니라 일에 대한 관점을 바꿔라**

01 조직 안 1인 기업이 되라 … 81

02 지금 대충 하면 끝내 대충 하게 된다 … 88

03 우물 밖을 열망하라 … 94

04 본업이라는 뿌리를 단단히 내려라 … 101

05 심리적 독립을 유지하라 … 107

● **3단계 | 최소수입을 창출하며 시뮬레이션하라**

01 야근 쇼부터 접자 … 115

02 투잡이 아니라 시뮬레이션이다 … 121

03 퇴근 후 시작하는 최소수입 창출 … 128

04 경쟁력은 주말에 생긴다 … 135

05 감정적 장애물에 지지 마라 … 142

● **4단계 | 나만의 파이프라인을 만들어라**

01 콘텐츠를 실제화하라 … 149

02 고객의 문제를 진단하고, 해결법을 찾아내라 … 156

03 단계별로 굴러가는 판매라인을 구축하라 … 162

04 내 이름이 들어간 책을 써라 … 169

● **5단계** | **수입원을 다각화, 집중화하라**

01 일단 중요한 것은 살아남는 것이다 ··· 179

02 폭넓은 출발로 경험자산을 쌓아라 ··· 186

03 하나에 집중하여 전문성을 높여라 ··· 192

04 아웃소싱으로 시간을 벌어라 ··· 199

● **6단계** | **지속 성장의 토대를 닦아라**

01 모든 선택은 대전략의 관점에서 ··· 205

02 퍼스널 브랜딩으로 나를 알려라 ··· 212

03 거인의 어깨에 올라타라 ··· 218

04 가르치며 배워라 ··· 223

05 힘들어도, 신념을 잃지 마라 ··· 229

3부 | 능력을 최대치로 발휘하는 1인 기업

01 정체기를 도약의 기회로 삼는다 … 238

02 다인 기업으로 시너지를 높인다 … 243

03 언제 어디서든 일할 수 있다 … 247

04 트렌드 메이커가 된다 … 251

05 내 인생의 대표작을 내놓겠다는 마음으로 … 255

1인 기업
열풍 속에서

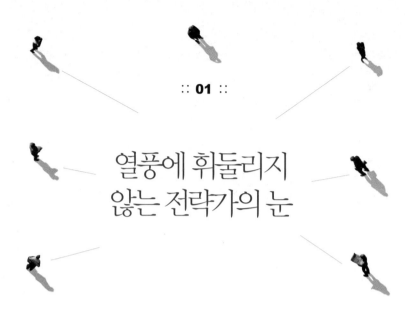

열풍에 휘둘리지
않는 전략가의 눈

지금 대한민국에는 1인 기업 열풍이 불고 있다. 많은 개인이 내가 하고 싶은 일을 하며 돈을 번다는 생각으로 1인 기업에 뛰어들고 있다. 실업률을 잡고 경기를 활성화하기 위해 정부에서도 1인 기업에 관한 여러 가지 정책과 지원을 내놓고 있다. 이와 맞물려 언론이나 대학교 동아리, 사설 교육기관도 합세해 1인 기업 열풍을 더하고 있다.

발표에 따르면 2012년 말 기준으로 8만 개 가까운 1인 기업이 활동 중이라고 한다. 여기에 컨설팅이나 일회성 기업 등 비공식적인 1인 기업까지 더하면 20만 개가 넘을 것으로 예상된다. 이 정도면

가히 대세라 할 만하다.

중견 기업에 다니는 C 씨. 자신을 '왕 평범한' 직장인이라 소개하는 그에게서 1인 기업에 관한 문의 메일이 왔다. 지금과 같은 1인 기업 열풍 속에서 어떤 결정을 해야 좋을지 모르겠다는 것이다.

안녕하세요. 수원에 사는 왕 평범한 직장인입니다. 선생님 책 읽고 많은 공감을 했습니다. (…) 회사에서는 구조조정 이야기가 흘러나오고, 정년퇴직까지 버틴다 해도 미래의 모습은 뻔해 답답할 때가 많습니다. 최근에 이사까지 해서 이자 폭탄에 눌려 울며 겨자 먹기로 회사에 나가고 있습니다. 그걸 눈치챈 상사가 저를 이용하듯 잔소리가 더 심해지고 잔업도 더 늘려 직장생활이 팍팍해졌습니다. 독립하고 싶은 마음이 간절해집니다. 직장 동료 중 몇 명은 독립해 자리를 잡았지만, 저는 생각만 있지 막상 도전은 못 하고 있습니다. 물류 업무 관련 스마트폰 앱 아이디어를 가지고 1인 기업을 하고 싶지만, 용기가 나지 않아 메일을 보냅니다.

아마 많은 이들이 C 씨와 같은 심정일 것이다. 어떤 일이든 마찬가지지만, 1인 기업을 한다고 해서 무조건 성공한다는 보장이 없다. 철저한 준비 없이 무작정 뛰어들었다가 전보다 못한 상황으로 떨어지는 경우도 심심치 않게 볼 수 있다.

그런데 C 씨의 메일을 자세히 보면 1인 기업에 가장 중요한 '나'가 빠져 있다. 주변의 성공 사례를 접했고, 상사의 잔소리에서 벗어나고 싶다는 얘기만 있을 뿐 '왜 1인 기업을 해야 하나'에 대한 나름의 의견은 정립되어 있지 않다.

1인 기업은 규모만 다를 뿐 엄연히 기업이다. 기업을 세울 때는 모토(motto)가 있다. 모토 없이 열풍이 분다고 '해볼까?'라는 질문만 던져서는 더는 행동으로 연결되지 못한다. C 씨처럼 '나'는 빠져 있고 열풍에 이리저리 흔들리기만 하는 사람들의 모습을 많이 본다.

앞으로 1인 기업 열풍은 더욱 강해질 거로 생각한다. 문제는 '안 되면 말고'와 같이 한 번의 이벤트로 1인 기업에 도전했다가 끝내는 사람들이 점점 많아진다는 것이다. 많은 사람이 1인 기업으로 눈을 돌리는 이유는 내가 하고 싶은 일을 하면서 돈을 번다는 매력 때문이다. 하지만 오랫동안 성공한 1인 기업들은 한결같이 주말도 없는 근무를 감수하면서 치열한 자기계발과 최신 트렌드를 따라잡기 위한 연구와 노력을 지속하는 사람들이다.

열풍이 불고, 정부에서 적극적으로 지원해주고, 하고 싶은 일을 하면서 돈을 번다는 매력 때문에 깊은 고민 없이 1인 기업에 뛰어드는 실수를 범하고 있진 않은지 스스로 점검해볼 일이다.

상담을 하다 보면 열풍이 분다는 이유로 1인 기업을 하려는 사람들에게 대표적으로 두 가지 공통점이 있음을 발견하게 된다. 자신이 혹시 이런 유형은 아닌지 깊이 생각해보자.

첫 번째로는 리스크 적고, 작게 시작할 수 있다고 해서 이루고 싶은 꿈도 작다는 것이다. 1인 기업은 규모가 작다는 얘기일 뿐, 꿈까지 작은 기업을 가리키는 게 아니다. 모든 일에는 필승전략 이전에 반드시 이긴다는 믿음(꿈)이 전제되어야 한다. 작게만 생각해서는 작은 유혹, 작은 시련에도 쉽게 포기하고 만다. 1인 기업은 규모가 작을지언정 꿈은 크게 갖고 시작하는 기업이다. 1인 기업을 세우기 전에 목표의 크기부터 재점검해보자.

두 번째는 누구나 거쳐야 하는 과정을 무시한다는 것이다. 정부에서 자금 지원은 물론 사무기기와 컨설턴트까지 지원해주고 있지만, 1인 기업에 존재하는 역학관계나 대 고객 문제를 해결하기 위해서는 일정한 과정이 있어야 한다. 몇몇 사람은 정부 지원과 일부 언론의 성공 사례만 믿고, 이런 과정을 가볍게 여기기도 한다. 열풍이 만들어낸 문제점이자 1인 기업을 꿈꾸는 사람이 가장 경계해야 하는 마음가짐이다. 아무리 많은 지원을 해준다고 해도 정작 중요한 것은 자기 자신이라는 점에는 변함이 없다.

인형으로 DIY(do-it-yourself) 1인 기업을 하는 K 대표. 처음 1인

기업에 도전했을 때부터 대의적인 꿈을 가졌다. 바로 육아 때문에 경력 단절이 생긴 주부를 위한 1인 기업을 세우겠다는 꿈이었다. 꿈이 컸기 때문에 조력자의 배신이나 주변의 시기심 등은 애초에 문제가 되지 않았다. 남편도 그녀의 꿈을 위해 기꺼이 협력했다.

처지가 비슷한 지인들을 대상으로 집에서 교육을 시작했는데 블로그 운영, 사진 찍는 기술, 상품 포장법, 반품 처리법까지 모두 무료였다. 몇 명이 독립에 성공하자, 그녀는 DIY 1인 기업으로 가는 프로세스를 만들었다. 프로세스를 포트폴리오화해서 지역 문화센터, YWCA와 협력해 교육과정을 신설하는 데까지 성공했다.

사람 모으는 노하우를 가진 문화센터와 YWCA에서 강의하면서 그녀는 DIY 1인 기업으로 성공할 가능성이 있는 수강생을 만나면 끈질기게 설득해 독립을 도와준다. 독립하는 모든 과정은 무료였다.

사람을 모아주면 강의만 하면 되는데, 그처럼 끈질기게 설득하고 무료로 도와준 이유는 1인 기업을 세우며 스스로 정립한 '경력 단절 주부를 위한 1인 기업'을 실천하기 위한 것이었다. 이런 정성이 입소문을 타면서 K 대표를 찾는 사람이 많아졌다.

지금도 그녀는 모든 과정을 무료로 교육하고 있다. K 대표의 수입은 대량 구매로 싸게 얻은 원재료를 충성 고객이자 제자들에게 다시 파는 방법이다. 고객들이 원하는 원재료가 무엇인지 정확히 알고 있기에 이 과정이 무척 순조롭다. 고객들도 편안히 물건을 받을 수 있어서 호응도가 높다. 최근에는 민간 자격증으로 등록하는 일도 준비하고 있다.

K 대표가 처음에 'DIY가 주부들에게 인기가 많더라'와 같은 소문이나, '손재주가 좋으니 한번 해봐' 같은 단순 주변 권고로 시작했다면 지금처럼 1인 기업으로 안착할 수 있었을까? 아마도 지금처럼 성공하긴 어려웠을 것이다. 지금의 그녀가 있도록 뒷받침이 되어준 것은 더 많은 이들에게 도움이 되겠다는 원대한 꿈이었다.

1인 기업 시장도 언젠가는 성숙기를 맞이할 것이다. 열풍 속에 성숙기를 미리 생각하고 준비하는 사람이 진정한 1인 기업으로 안착함은 물론, 일의 주인이 되는 희열도 맛볼 수 있다. 열풍이 불 때 시류를 타겠다는 순간의 감정을 내려놓고, 한 발짝 물러서서 흐름을 볼 수 있는 전략가로서의 눈이 필요한 때다. 1인 기업은 이벤트가 아니다. 1인 기업은 일정 수준에 도달하면 일반 기업으로 넘어갈 초기 기업의 모습이다.

시류를 타지 않고 더욱 큰 꿈을 가지고 출발하는 1인 기업을 고민하자. 대가를 기꺼이 치르고, 자본을 만드는 과정인 관찰과 창의적 실험 단계를 거쳐, 사람들 기억 속에 좋은 영향력을 행사하는 1인 기업이 될 수 있도록 열풍을 뛰어넘는 전략가의 눈을 갖자.

::: 02 :::

죽기 전 우리는
어떤 후회를 하는가

사회적 지위나 명성을 떠나 주변 사람들에게 존경받는 사람이 있다. 이들은 다른 사람이 엄두도 못 내는 일에 도전하는 것만으로도 존경받는다. 도전에 성공하면 자신을 한 단계 업그레이드하고, 실패했다면 실패로 교훈을 얻고 다른 방법을 찾아 다시 시도한다. 다시 시도하는 과정에서 다른 사람의 놀림도 받지만 개의치 않는다. 방향이 있기에 언젠가는 도달할 수 있다는 신념으로 묵묵히 걸어갈 뿐이다. 그렇게 시간이 흐르면 보란 듯 성공에 이른다. 그들에게는 포기가 없다.

다른 사람이 엄두도 못 내는 일에 도전하고 실패를 극복해 한 단계 도약하는 사람의 이야기를 자주 만날 수 있다. 이런 사람들을 볼 때마다 '꿈을 향해 빠르게 날아갈 순 있지만, 때에 따라 꿈을 향해 천천히 기어갈 수도 있다'는 교훈을 얻는다. 그리고 도전하는 사람은 그 일에 후회가 없다는 것도 배운다.

오스트레일리아의 한 요양원에서 말기 환자들을 돌봐온 간병인 브로니 웨어는《내가 원하는 삶을 살았더라면-죽을 때 가장 후회하는 다섯 가지》라는 책을 썼다. 그는 이 책에서 사람이 죽기 전 어떤 후회를 하는지 들려주었다.

1. 내가 하고 싶은 일을 하지 못했다.
2. 너무 열심히 일만 했다.
3. 내 감정을 솔직히 표현하지 못했다.
4. 친구들과 연락하며 살았어야 했다.
5. 행복은 결국 내 선택이다.

죽음에 가까워졌을 때 사람들은 이 다섯 가지 중 '내가 하고 싶은 일을 하지 못했다'를 가장 후회한다고 한다. 누구나 마찬가지지만 이 세상은 내가 할 수 있는 일만 하면서 살 순 없는 곳이다. 역으로, 내가 하고 싶은 일만 다 한다면 재미도 없을 것이다. 갈등이 있고,

저항이 있고, 좌절이 있으니 하고 싶은 일에 갈망도 생기지 않겠는가. 그래야 그 갈망을 이루었을 때 보람과 재미도 더 크지 않겠는가.

저항과 좌절이 있다고 해서 갖고 있던 꿈을 포기한 채 오직 생계를 위해 어쩔 수 없이 일한다면 어떤 일이 벌어질까?

현재의 직장이 싫어 늘 사표를 품고 있지만, 생계를 위해 어쩔 수 없이 다닌다고 하자. 그렇다면 아무리 체력이 좋아도 하루 열여섯 시간 이상 일하기 힘들다. 어떻게든 다음 날 업무를 해내려면 어느 정도의 휴식과 수면을 취해줘야 한다. 그렇다면 이건 무슨 얘기인가? 잠을 청하고 휴식을 취하는 것이, 그 하기 싫은 다음 날 출근을 위해서라는 말이 아닌가? 즉 근무 시간 외에 근무를 위한 준비 시간조차 하기 싫은 일의 연장인 셈이다. 하루 24시간을 그처럼 싫어하는 일만 하면서 산다면 행복은 물론, 성공할 리가 만무하다.

직장인 시절, 이런 고민이 너무나 가득했다. 분명 삶은 월급이 전부가 아닌데 주변 환경에 눌려 그게 전부인 것처럼 보였고, 만나는 사람들도 비슷했다. 또 그런 삶이 당연하다고 교육도 받았다. 가끔 일이 힘들 때 몽상처럼 '강연 전문 1인 기업'이 되고 싶다는 생각만 있었을 뿐이다.

월급을 조금이라도 더 받기 위해 낮에는 일하고 밤에는 야간 대학교에 다니던 어느 날, 난 문득 '이건 아닌데'라는 자각을 했다. 지금 돌아보면 그러한 자각이 왔을 때 남들이 반대했던 행동을 결정한 나에게 고마울 따름이다. 물론 행동하는 과정에서 쥐구멍에라도 숨고 싶은 실패와 황당한 실수들도 무척 많았다. 그렇지만 지금은 강의도 다니고, 작가와 칼럼니스트로 활동하고 있다.

지금의 모습이 최고의 선택은 아닐 것이다. 하지만 1인 기업 강의를 나갈 때 사람들에게 이것만큼은 확신을 가지고 말한다.

"1인 기업은 최소 후회로 일할 수 있습니다."

1인 기업의 또 다른 매력이 이것이 아닐까 생각한다. 바로 '최소 후회'로 삶을 살 수 있다는 것이다. 좋은 선택은 최고, 최대를 추구하는 것이 아니다. 바로 후회를 최소화하는 일이다. 어쩔 수 없다는 이유로 하기 싫은 일을 억지로 하며 살다가, 먼 훗날 지나간 시간을 돌아보면 결국 후회만 남는다.

언젠가는 자신을 돌아볼 시기가 올 텐데, 그때 후회 하나 없는 인생이란 있을 수 없다. 그런데 후회의 대부분은 선택의 후회다. '그때 이렇게 해볼걸', '왜 그런 결정을 내렸을까?' 등 다르게 해보지 않은 것에 대한 후회 말이다. 선택의 후회 중 특히 일(직업)에 관한 후회는 어느 후회보다 깊고 강하다.

일에 대한 후회가 강한 건 내가 하고 싶고, 내가 되고 싶은 '그 무엇'은 '일'이라는 중간 과정을 통해서만 가능하다는 얘기이기도 하다. 다시 말해 꿈은 오직 일을 통해서만 이룰 수 있고, 최소 후회의 삶도 그 일을 해야 가능하다.

  많은 사람이 1인 기업을 꿈꾼다. 그런데 누구는 도전하고, 누구
는 몽상으로 멈춘다. 환경이 어렵기는 마찬가지지만 행동은 다르
다. 시간이 흘러 둘의 차이는 상상도 못 할 만큼 벌어져 있다. 몽상
가는 멈추고, 사업가는 진화한다. 차이는 행동에 있다.
  자신이 멈춰 있다는 걸 알면서도 행동을 머뭇거리는 이유는 부
담감 때문이다. 머뭇거리게 하는 부담감은 실수와 대가 두 가지 때
문이다. 이 둘을 기꺼이 받아들인다면 일(직업)에 대해서 '최소 후
회'로 살 수 있다고 확신한다.
  도널드 트럼프와 로버트 기요사키의 공저《마이더스 터치》를 보
면 사업가는 물론 직장을 떠나 도전하는 1인 기업의 부담감이 무
엇인지 배울 수 있다. 그중 한 부분을 소개한다.

  누구나 사업가가 될 수 있는 능력을 갖추고 있지만, 모두 사업
  가가 될 필요는 없다. 훨씬 쉽게 살아갈 방법은 많다. 인생을
  쉽게 살아가며 성공을 거두는 것처럼 보이는 사람도 있을지는
  모르겠다. 하지만 내가 아는 사람 중에는 없다. 부자 아빠는 내
  게 자주 이런 말을 했다. "성공은 희생을 먹고 자란다." 나는 지
  금껏 희생을 치르지 않고 성공한 사람을 만나보지 못했다. 예

컨대 의사가 되려면 학자금, 시간, 에너지, 인간관계에서 엄청
난 대가를 치러야 한다. 뛰어난 운동선수, 영화배우, 뮤지션,
정치인, 사회적으로 인정받는 인사들이 모두 그렇다. 성공한
사업가도 다르지 않다. 성공하고 싶다면 희생이라는 비용을
지불해야 한다. 하지만 유감스럽게도 그 값을 치르고 싶어 하
지 않는 사람이 너무나 많다. 큰 희생을 치르며 불확실한 성공
을 얻기 위해 노력하느니 차라리 평범하고 안락하고 확실하고
안전한 삶을 사는 것이 훨씬 쉽기 때문이다.

군이 큰 대가를 치르며 불확실한 성공을 얻기 위해 노력해야 할
이유가 뭐가 있겠는가? 하지만 죽기 전에 후회하는 다섯 가지처럼
끝은 후회로 가득하다. 후회할 걸 알면서 도전하지 못하는 이유는
부담감 때문이다. 그래서 후회를 최소화할 기회는 누구나 주어지
지만, 아무나 할 수 없음을 느낀다.

아무나 할 수 없다 하더라도 싫어하는 일과 싫어하는 일을 하기
위해 준비하는 시간을 끝내고 싶다면, 그리고 삶을 돌아볼 그때를
생각해본다면 1인 기업을 몽상으로 끝내지 말고 도전해보는 것이
어떨까?

더는 '해볼걸' 생각만 하는 몽상가로 머물지 말자. 실수와 비용
같은 부담감이 따르더라도 1인 기업은 시도해볼 만하다. 더욱이

'최대한 작게 시작하라' 란 의미에서 1인 기업은 리스크가 적고, 고객의 니즈만 있다면 원재료도 들지 않는다. 안정된 수입이 있는 지금, 그리고 현재 있는 자리에서 준비하면 된다.

몽상가로 머물지 말고 1인 기업으로 진화하자.

시간이라는 기차는
멈추지 않더군요

얼마 전 모임에서 지인들과 '시간'이라는 주제로 많은 이야기를 나누었다. 많은 참석자 중 경쟁이 치열한 분야에서 어느 정도 성공을 거두었고, 모임에서도 주도적인 역할을 하는 L 대표의 말이 가슴에 와 닿았다.

"시간이라는 기차는 멈추지 않더군요. 오히려 더 빨리 갑니다. 20 대는 20킬로미터로, 50대는 50킬로미터로 시간은 흘러갑니다. 10 년 전만 생각해도 시간이 정말 빠르게 흘러갔는데 앞으로 올 10년 은 얼마나 더 빠르게 오겠습니까?"

그의 말에 모임참석자들은 모두 숙연해졌다. 잠시 후 그는 말을 이었다.

"부모 마음 알 때쯤 부모는 아프고, 나를 알 때쯤 나는 많은 걸 잃었고, 자식을 진정 사랑할 때쯤 자식은 떠나더군요. 후회만 남은 인생을 바꾸는 방법은 옳은 방향을 찾는 것과 시간을 활용하는 것입니다. 하지만 절박감이 없다면 어떤 방향이 옳다는 걸 알아도 바꾸기는 힘들지요."

모두 동감하는 분위기였다. 성공하는 사람을 살펴보면 하나같이 절박한 마음으로 일한다. 누구 하나 설렁설렁 하면서 성공한 사람은 없다. 설마 성공했다 해도 곧 무너지게 된다. 절박한 과정이 없었기에 작은 시련에도 움츠러들어 무너지고 만다.

어제 팔리던 상품이 오늘도 팔릴 수 있고, 오래오래 계속해서 팔릴 수 있다면 얼마나 좋겠는가. 그러나 고객은 끊임없이 변한다. 게다가 잘된다고 소문이 나면 경쟁자들이 호시탐탐 허점을 노리고 있다가 기회가 되는 즉시 뛰어든다. 이런 치열한 상황에서 어떻게 자신을 보호할 수 있을까? 바로 끊임없이 혁신하고자 하는 절박감을 가지고 있느냐가 중요할 수밖에 없다.

기업들은 쉼 없이 배우면서 신제품을 만들어낸다. 그런데 일단 신제품이 시장에 등장하면 경쟁자들은 복사하여 더 값싸고 경쟁력 있게 만든다. 특히 과거에 비해 빠른 속도로 정보가 유통되면서 복사 능력은 더욱 탁월해지고 있다. 이런 문제는 비단 일반 기업들에서만 나타나지 않는다. 1인 기업의 세계에서도 경쟁자는 빠르게 복사하여 더 값싸고 경쟁력 있는 상품을 내놓고 있다.

1인 기업도 시장에 계속해서 신제품을 내놓을 수 있어야 한다. 그래야 시장을 주도해나갈 수 있다. 그런데 상품을 계속해서 내놓더라도 반드시 성공한다는 보장은 없다. 아무리 정교하게 예측하고 평가받은 제품을 출시한다 하더라도 시장이 어떻게 반응할지는 알 수 없다. 그러므로 신제품을 끊임없이 생산하고 출하하는 것이 중요하다. 이렇게 쏟아져 나오는 상품 가운데 히트작이 나오면 이것을 중심으로 자신의 브랜드를 만들어간다.

성공한 1인 기업을 자세히 살펴보면 끊임없이 상품을 쏟아낸다. 그러다가 히트작이 하나 나오면 자신의 브랜드를 구축하고, 그 히트작을 바탕으로 더욱 깊이 있는 히트작을 다시 출시하는 공통점이 있다.

히트작을 탄생시키는 것은 자신을 브랜딩할 수 있는 효과적인 방법 중 하나다. 그러므로 하나의 히트작을 만들기 위해 끊임없이 신규 상품을 만들어내는 과정은 필수적이다. 항상 배우고 실험해야 한다. 그렇게 했음에도 히트작을 내놓지 못했다면 그게 무조건 손해일까? 절대 그렇지 않다. 성공에서보다 실패에서 더 많은 것을 배울 수 있다.

많은 사람이 1인 기업의 꿈을 안고 상담을 의뢰한다. 무엇부터 어떻게 시작해야 할지 막막할 그 심정을 잘 알기에 콘텐츠 만들기, 정부 지원, 수익 창출, 마케팅법 등 독립에 필요한 사항들을 정성껏 상담해준다. 그런데 내가 상담자들에게 꼭 요청하는 게 있다. 상담하러 오는 시점에서 3년 전의 모습을 솔직히 이야기해달라고 한다. 그러면 대부분 이런 대답을 한다.

"글쎄요? 회사 다니며 월급을 받았지요."

"늘 똑같았습니다. 지금과 크게 다르지 않죠, 뭐."

이렇게 이야기하는 사람들에게서는 스스로에 대한 절박감이 보이지 않는다. 3년 전이나 지금이나 같은 모습이라면, 1인 기업의 꿈보다 배움의 자세를 더 가질 것을 조언하는 편이다. 1인 기업의 세계에 절박감 없이 뛰어들었다가 직장인일 때보다 못한 결과를 초래한 사람을 많이 보았기 때문이다.

1인 기업 강의 중에는 청중에게 이런 말을 자주 한다.

"시스템을 만들 수 있다면 팔 수 있습니다."

1인 기업은 시장에 자신만의 시스템을 판매하는 곳이다. 경영, 정리, 연애, 비전, 동기부여, 직업, 커리어, 학습, 시간, 스피치 등 판매하는 시스템은 무궁무진하고 그것들은 빠르게 변한다. 여기서 '시장을 끌고 나갈 것인가(market-driving)', '시장에 끌려갈 것인가 (market-driven)'를 정해야 한다. 중요한 것은, 시장을 끌고 가고 싶다고 스스로 혁신해야 한다는 것이다. 혁신의 핵심은 절박감이다.

1인 기업을 꿈꾸는 모든 사람에게는 절박감이 필요하다. 진정으로 내가 가진 것을 어떻게 사용할까 진지하게 고민하고 있다면 절박감을 원동력으로 활용할 필요가 있다. 절박감이야말로 시장을 끌고 나가는 핵심 원동력이다.

인생 3막을 1인 기업가로 살아가는 Y 씨가 있다. 그의 삶 자체는 변화에 적응하기 위한 혁신의 연속이었다. '변화에 적응하면 두려울 것이 없다'라 했던 20세기 예술의 아이콘 앤디 워홀의 말처럼 늘 변화를 추구했다.

S전자에서 빠르게 승진했지만, 임원은 바라보지 않았다. 또 다른 직업을 경험해보고 싶은 마음이 간절했기 때문이다. 마침 20년 전 대학 다닐 때 취득한 국어 임용교사 자격증이 있었다. 앨범에 파묻힌 임용교사 자격증을 보는 순간 가슴이 뛰었다고 한다. 꿈에 대한 확신이 있었기에, 다소 무모해 보이더라도 회사를 그만두고 임용교사 시험에 집중하기로 한다. 40대 후반이 다가오는 나이에 다시 공부한다는 건 누가 봐도 불안한 도전이었다. 하지만 꿈에서도 공부하는 모습이 보여 스스로 미쳐갔다고 생각했다. 그만큼 절박했다. 남들의 조롱과 우려 속에 임용교사 시험을 봤고 국어 교사 임용에 성공했다.

그의 나이 47세 때 일이다. 임용 시기는 늦어졌지만, 누구보다 열심히 아이들을 가르쳤다. 5년 후 또 다른 도전을 한다. 20년 넘는 직장생활에서 직업교육의 중요성을 잘 알고 있었지만, 우리나라 교육은 대학만을 강조해 안타까웠다. 그는 안타까움으로 끝내지 않고 바로 혁신에 들어갔다.

직업적성검사 실무교육, 직업 상담사 취득, 심리 상담사 취득 등 2년간의 노력 끝에 직업 전문 상담 기업으로 등록할 수 있는 조건이 갖춰지자 당당히 교편을 그만둔다. 보장된 정년 9년을 앞두고 실행한 결단이다. 소호 사무실을 열고 미혼모직업센터와 소년원을 상대로 강의를 나가면서 청소년 비전 전문가로 입지를 만들어갔다. 최근에는 분야를 넓혀 학교를 그만둔 청소년을 상대로 직업 전문 상담가로 활동하고 있다.

경제적인 여유는 그전보다 못하지만, 누구보다 자신이 가진 재능을 나눔으로써 풍요로운 삶을 살고 있다. 대기업 직장인에서, 교사, 다시 청소년 비전 전문가로 변화한 그의 삶은 혁신 자체였고, 혁신을 할 때마다 가장 큰 원동력이 되어준 것은 절박감이었다.

많은 사람이 1인 기업을 꿈꾸지만, 단순히 몇십 년간 반복했던 일로 1인 기업을 해서는 안 된다. 우선 자기 혁신의 자세가 준비되어 있는지 살펴봐야 한다. 1인 기업이 되고 싶다면 절박감으로 무장해 승부하라. 그것만이 내가 가진 것을 모두 사용하게 하는 든든한 원동력이 되어줄 것이다.

반쯤 졸린 상태에서 자리를 잡았다는 1인 기업은 존재하지 않는다. 절박감을 원동력으로 누구도 따라잡지 못할 1인 기업이 되자.

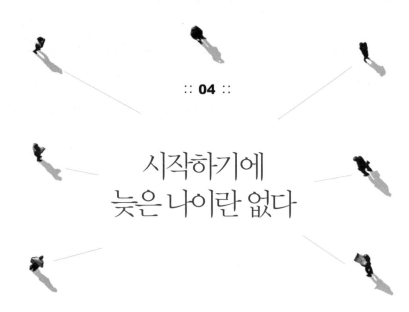

:: **04** ::

시작하기에
늦은 나이란 없다

"조각가가 조각품으로 탄생시킬 원재료를 갖고 있듯 우리는 누구나 자신의 운명을 손에 쥐고 있다. 예술 활동뿐 아니라 다른 모든 것에서도 마찬가지다. 우리는 운명을 주조할 수 있는 능력을 갖추고 태어난다. 재료를 자신이 원하는 모양으로 빚어내는 기술을 공들여 배우고 계발해야 한다."

독일의 대문호 괴테의 말이다. 우리는 운명을 주조할 수 있는 능력을 갖추고 태어났다. 주조할 재료는 다름 아닌 자신이 가진 재능이다. 이 재능을 천직, 일생의 과업, 적성, 소질, 특기 등 다양한 이름으로 부르는데, 결국 누구나 태어날 때부터 가진 재료(능력)를

'어떻게 빚어내느냐'의 문제가 운명을 주조하는 데 중요한 일임을 알 수 있다. 그래서 어느 철학자는 우리가 세상에 태어나 유일하게 해야 하는 일은 '재능을 남김없이 발휘하는 것'이라고 말하기도 했다.

우리는 잘 알지 못하지만 내가 가진 재능을 평소에 유감없이 발휘할 때가 두 번 있다.

하나는 마감을 앞둔 상황에서다. 더는 미루면 안 된다고 생각하면 그 순간의 집중력과 창의력이 작동해 재능이 유감없이 발휘된다. 하지만 그때가 지나면 다시 일상으로 돌아와 버린다. 마감을 앞둔 시기에 느끼는 완성의 쾌감과 일의 성취감을 지속할 수 있다면 내가 가진 재능을 남김없이 발휘할 수 있지만, 마감이 일상화된다면 긴장감과 집중력이 더는 발휘되지 않는다.

다른 하나는 일을 자기 주도적으로 해나갈 때다. 주도적이라는 말에는 책임감이라는 부담감이 존재하는 것도 사실이다. 그렇지만 그 일을 할 때만큼은 내가 그린 그림으로 일을 진행할 수 있고, 열매도 내가 주도한 만큼 받을 수 있다. 자기 주도성을 갖췄다면 마감처럼 일회성으로 끝나지 않고 내가 가진 재능을 지속해서 유감없이 발휘할 수 있다. 그 이유는 책임감에 걸맞게, 내가 한 만큼 받을 수 있는 보상이 있기 때문이다.

많은 경영자가 직원들이 매너리즘에 빠지지 않게 하기 위해 교육과 자극에 많은 시간과 비용을 투자한다. 교육과 자극 역시 매너리즘에 빠지지 않게 하는 좋은 수단이다. 그런데 그전에 직원들이 자기 주도성을 가지고 일할 수 있는 시스템이 있는지 점검해봐야 한다. 조직의 특성상 암묵적 정치 문제, 성과의 독식, 중간주의 등 자기 주도성을 방해하는 것들이 존재한다. 이것을 찾아 제거하는 게 먼저라 생각한다.

자기 주도성을 위해서는 무엇보다 일에 대한 강렬한 애중(愛重)의 자세가 필요하다. 강렬한 애중만이 자기 주도성으로 일할 수 있게 한다. 현재 하는 일을 반쯤 졸린 상태나 오늘만 넘어가자는 생각으로 하고 있다면 강렬한 애중이 없는 것이다.

일에 대한 강렬한 애중이 있다면, 지금 하고 있는 일에서 내가 가진 재능을 한번 남김없이 발휘해보자. 시간은 걸릴지라도 분명 내가 원하는 모습으로 살아갈 수 있을 것이다.

1인 기업은 시작할 때부터 자기 주도성과 자신이 가장 잘 알고 있는 분야에서 일을 하므로 내가 가진 재능을 남김없이 발휘한다는 마음으로 시작할 수 있다. 더욱이 아웃소싱과 프리랜서 활동이 일상화되면서 자기가 가장 잘할 수 있는 일에 집중할 수 있는 시스템도 잘 갖춰진 상태다.

카카오 게임에 '타일뿅'을 선보인 이건영 씨. 48세에 얻은 그의 직함은 20대에게나 어울릴 법한 '게임 개발자'다. 그는 한때 조립식 스티로폼 패널 제작회사 대표였는데 서브프라임 모기지 사태로 사업이 부도를 맞았다. 하지만 두 자녀를 위해 무슨 일이든 해야 했다. 택시 운전, 일용직 노동 등 돈을 벌 수 있는 일이라면 무엇이든 했다.

이런 상황에서 그를 위로해준 건 스마트폰 게임이었다. 게임을 하면서 자연스럽게 개선하고 싶은 부분을 발견했고, 그러는 동안 스마트폰 게임을 개발하고 싶다는 생각이 들었다. 생각에 머물지 말고 바로 실행에 들어갔다. 우선 가족을 설득했다.

가족의 허락을 받고 게임 개발에 들어가긴 했는데 '비전문가'인 그가 게임 개발자가 되는 과정은 녹록지 않았다. 기획안을 들고 게임회사를 두드렸지만 모두 거절당했다.

좌절하지 않고 게임 학과 대학생들이 만든 신생 벤처 기업을 찾아간 그는 그곳에서 처음으로 '해볼 만하다'는 답을 받는다.

이후 밤낮 없는 6개월을 보낸다. 게임 제작 1인 기업으로 가기 위해 그가 할 수 있는 일은 시간과 노력을 투자하는 것뿐이었다. 디자인 등 아웃소싱을 줄 수 있었지만, 배운다는 마음으로 스스로 익혀나갔다. 남들보다 서너 배의 시간이 걸리면서까지 직접 제작한 것이다.

그런 노력 덕이었을까, 대한민국 대표 SNS 기업인 카카오로부터 게임 입점 통보를 받는다. 게임 개발자로서 정식 직함을 얻는 날이기도 했다.

이건영 씨가 일에 대한 강렬한 애중이 없었다면 이런 성과를 거둘 수 있었을까? 50세를 앞에 두고 '이 나이에 게임 제작은 무슨', '게임은 아무나 만드나' 하며 아예 가능성조차 보지 못했을 것이다. 또 스스로 가진 게임 제작 재능을 발휘하지 못하고 스마트폰 게임 유저로만 남았을 것이다. 하지만 지금 그는 1인 기업으로, 게임 개발자로 당당히 활동하고 있다.

내가 가진 재능을 남김없이 발휘하는 자기 주도성은 일에 대한 애중에서 나옴을 이건영 씨를 통해 알 수 있다. 다른 1인 기업도 마찬가지로 자기 분야에 대한 강한 애중으로 재능을 펼쳐가고 있다. 《패턴 리딩》으로 유명한 백기락 크레벤아카데미 대표는 일주일에 하루는 집에 들어가지 않고 온전히 밤을 지새우며 책을 본다고 한다. 최신 트렌드를 이해하고, 집필을 위한 아이디어를 얻기 위한 백기락 대표만의 노력이다. 만약 직장에서 일주일에 한 번 밤을 지새우게 하면 애사심이 강한 사람이라도 불만이 생길 것이다. 1인 기업이기에 가능한 노력이다. 그런 노력이 있었기에 《패턴 리딩》같은 새로운 독서법을 개발하여 책까지 출간할 수 있었으리라 생각한다.

　1인 기업은 내가 가진 재능을 활용하여 자기 주도성으로 일한다. 그래서 어느 직업인보다 즐겁고, 일반 직장인보다 기꺼이 더 많은 시간을 일에 투자한다. 그리고 자기가 가진 모든 재능을 남김없이 발휘하는 시스템도 만들 수 있다.

　자신에게 주어진 과업이 재능을 남김없이 발휘하는 것이라 생각한다면 1인 기업으로 그것을 실현해보자.

가까이서 스승을
발견하라

1인 기업 책을 펴내고 났더니 많은 사람이 1인 기업의 정의가 무엇인지 물어왔다. '딱 이것이다'라고 말하고 싶지만 그렇게 하기가 쉽지 않다. 범위, 유형, 규모, 행정적 용어 등 그 모습과 표현이 다 달라서다. 그만큼 1인 기업의 모습은 무궁무진한 것 같다.

내 생각으로는 '1인 기업이 무엇인가'라는 답변 중 직장인의 영원한 친구라 불리는 고 구본형 변화경영연구소 소장의 주장이 가장 적절한 듯하다. 그는 수희향의 《1인 회사》에 다음과 같은 추천 글을 썼다.

나는 나무다. 나무의 삶을 살고 싶어 한다. 나무는 살기 위해 다른 것들에 먹을거리를 의존하지 않고 오직 자연 속에서 스스로 광합성을 하여 먹고 산다. 나무는 자란다. 푸른 하늘을 향해 높이 오르려 한다. (…) 동물은 다른 것들을 죽여서 먹고 살아가도록 운명지어져 있다. (…) 동물의 삶에서 식물의 삶으로 전환할 수 있어야 한다. 다른 것들에 의존하지 않고 홀로 먹고 살고 즐길 수 있는 독립 생활자의 삶의 방식으로 스스로를 혁명해야 한다.

구본형 소장이 말했듯 나무(식물)는 먹을 걸 다른 것들에게 의지하지 않고 스스로 찾으며 스스로 큰다. 생존하겠다는 의지는 동물과 다를 바 없지만, 먹이라는 절대적 존재는 스스로 구한다. 1인 기업도 마찬가지다. 자기 먹이가 누구한테서 오는지 생각해봐야 한다. 1인 기업에게 절대자는 고객이다. 내가 고객에게 무엇인가를 제공해 중간관리자 없이 고객이 직접 대가를 준다면 그것이 1인 기업이다.

그래서 기업 강연을 나가면 직장인들에게 내 월급이 누구한테서 나오는지 생각해보라고 말한다. 현장에서 고객을 상대하면 절대자는 당연히 직접 고객이고, 내부에서 관리하면 고객은 간접 고객, 즉 내 서비스를 받는 대상인 내부 고객이다. 월급이 중간관리자 없이 고객에게서 나온다고 확신하면 조직 안에 있는 'B2B형 1인 기업'이라 생각하면 된다.

내가 생각하는 1인 기업은 타인에게 의지하지 않고 돈이 고객에게서 직접 나오는 것이다. 이것만이 정답이라고 주장하는 것이 아니라 수많은 1인 기업의 정의에 하나를 더 보탠 것뿐이다.

누구나 마찬가지겠지만 성장하면서 부모님께 많은 영향을 받는다. 나 역시 그랬다. 묘하게도 아버지, 어머니 두 분 다 1인 기업을 운영하셨다. 어머니는 건강상의 이유로 1인 기업을 접으셨고, 아버지는 지금도 지속하고 계신다.

어머니가 평범한 젊은 주부에서 1인 기업으로 변화되던 때는 내가 어려서의 일이라 기억나지 않는다. 그런데 아버지가 평범한 직장인에서 1인 기업으로 변환시킨 과정은 지금도 생생히 기억하고 있다.

베이비붐 세대(1946~1965년 출생) 대부분이 그러하듯 아버지도 일자리를 찾기 위해 시골에서 도시로 이사해 직장을 잡으셨다. 전두환 정권 때였던 당시는 3저(저유가, 저달러, 저금리) 현상으로 유례없는 경기 호황을 누렸다. 실수만 하지 않는다면 평생 직장은 누구나 가능했다. 더욱이 아버지는 다른 사람들보다 일본어와 컴퓨터를 일찍 배워 일본 기계를 능숙하게 다루셨고, 경리들도 못 하는 엑셀 프로그램을 다룰 줄 알았던 덕에 빠르게 진급하셨다.

그런데 영원할 것 같았던 3저 현상은 무너지고 1997년 IMF가 터졌다. 회사는 부도 위기에 처했는데, 다행히 법원의 기업구제를 받아 위기를 넘겼다. 그렇게 직장생활을 더 할 수 있었다. 위기는 넘겼지만 회사는 여전히 불안한 상황이어서 아버지는 주변 고등학생들을 봉고차로 등하교시키는 투잡을 하셨다. 다른 분야에서 수입을 창출하는 데 성공한 것이다.

그렇게 7년이 지난 어느 날, 회사에서 일방적으로 근무 부서를 바꾸는 발령을 냈다. 권고사직은 할 수 없으니 알아서 나가라는 선포로 지금도 기업에서 자주 쓰는 정리해고법이다.

그렇게 23년 직장생활을 정리하고, 보통 가장들처럼 돈이 되는 일에 무조건 뛰어들었다. 지금처럼 중장년 취업이 활성화되기 전이라 할 수 있는 일은 많지 않았기에 택시회사에 취업했다.

비슷한 시기 나는 스무 살이었다. 집안 형편도 그랬거니와 다양한 경험을 하고 싶어 대학을 포기하고 LPG충전소에서 일을 했다. 서비스 중 택시 기사들께 잔돈을 바꿔주는 일도 있었는데, 가끔 아버지께서 잔돈을 바꾸러 내가 일하는 충전소에 올 때가 있었다. 고단한 베이비붐 세대의 모습과 가장의 무게감을 볼 수 있었다. 그때를 생각하면 지금도 가슴이 아프다. 또 충실히 계발한 능력을 오직 직장을 위해 발휘하고, 만나는 사람도 직장 동료가 전부였던 평범한 가장에게 해고는 한 개인은 물론 집안 전체에도 어떤 불행을 미치는지 깊이 생각할 수 있었다.

그 후 아버지는 5년간 자리를 못 잡으셨다. 어느 날 미래가 뻔히 보이는 직장 말고 내 일을 해야겠다는 생각으로 1인 기업 아이템을 찾으셨다. 평소 기계를 좋아했고, 다른 사람의 간섭이 없는 아이템을 찾다 보니 지금의 사다리차와 인연을 맺었다. 사다리차 기술을 익히기 위해 기꺼이 대가를 치르고 전문가에게 배웠다. 그리고 사다리차 모임을 찾아다니며 그쪽 분야가 돌아가는 생리도 배웠다.

그렇게 시간이 흘러 지금은 1인 기업들이 자주 하는 말인 "체력이 허락하는 한 이 일을 하고 싶다"를 입에 달고 살다시피 하시며 사다리차 일을 좋아하신다. 물론 여름이면 땡볕에서 일해야 하고, 위험한 장소에서 일할 때도 있다. 하지만 좋아하는 기계, 누구한테도 간섭받지 않고 일하는 자기 주도성, 직장인일 때 생각도 못 했던 휴식 등 1인 기업을 선택한 것을 후회하지 않으신다.

아버지를 지켜보면서 1인 기업을 세우고 확장하는 방법을 배웠으며, 1인 기업에 필요한 기본자세 세 가지를 깨달았다. 그 세 가지는 자기 신념, 아이템, 마케팅이다.

남자에겐 세 번의 기회가 온다는 말이 있다. 아버지는 50세가 넘으셔서 사다리차에 도전했다. 도전 직전에 우리 형제를 모아놓고 하신 말씀이 지금도 기억난다.

"세 번의 기회 중 나는 이번이 마지막 기회다."

1인 기업 정신을 배운 가까운 1인 기업 이야기다.

아버지를 지켜보며, 그리고 수많은 1인 기업을 공부하면서 1인 기업으로 가는 패턴 6단계를 발견했다. 이제부터 그 6단계를 풀어 보려고 한다. 내가 가진 재능을 남김없이 발휘하고 최대치 창의력을 끌어올리는 1인 기업의 삶, 몽상으로 끝내지 말고 그 꿈을 이루길 바란다.

2부

1인 기업으로 가는
6단계 전략

나에게 맞는
천직을 찾아라

01

'이만하면 됐어'를
경계하라

　대한민국 웬만한 절에 있는 종을 다 만든 종장 원광식 장인(匠人). 종을 만들다가 시뻘건 쇳물에 한쪽 눈을 잃었지만, 원광석 장인은 여전히 종을 만들고 있다. 그를 소개한《한국의 고집쟁이들》에서는 "이젠 종 만들다가 가는 일만 남았다"며 그의 삶인 종 만들기 40년 내공을 투박하지만 짤막하게 정리했다.

　대한민국 스포츠 영웅 김연아 선수. 세계 피겨 스케이팅의 역사를 새로 쓴 천재라 할 수 있다. 김연아 선수가 올린 글이 인터넷에 화제가 되었다.

　"(…) 이만하면 됐어, 충분해, 다음에 하자. 이런 유혹에 포기하고 싶을 때가 있다. 하지만 이때 포기한다면, 안 한 것과 다를 게 없다. (…) 이 순간을 넘어야 다음 문이 열린다."

아무리 고된 훈련이라도 끝까지 해내고 마는 영웅다운 의지를 읽을 수 있다.

원광식 장인이나 김연아 선수처럼 한 분야에서 일가(一家)를 이룬 사람들을 보면 지금 하고 있는 일에 대한 강한 애정과 보통 사람이 엄두도 내지 못할 정도의 종교적 헌신에 가까운 노력을 발견하게 된다. 그래서 우리는 이런 사람을 '천직을 수행하는 사람'이라 부른다.

일가를 이룬 사람 말고 보통 사람에게 "지금 하는 일이 천직입니까?"라고 묻는다면 어떨까? 1초도 망설이지 않고 "그렇다"라고 말할 사람은 많지 않을 것이다.

"누구에게나 이 세상에 부여된 천직이 있다. 그 일을 찾는 것이 생애 가장 중요한 일이다."

미국의 소설가 나다니엘 호손의 말이다. 천직은 말 그대로 하늘이 내려준 나의 업(業)이고, 자아실현의 최고 수단이기도 하다. 모든 사람이 10대 때 천직을 찾는다면 인류 문화는 지금과 비교도 안 될 정도로 발전했을 것이다. 하지만 안타깝게도 10대 때 천직을 발견하고 빛을 발하는 건 엄청난 행운에 속한다. 평생을 가도 천직을 못 찾고 이리저리 시류에 따라 흘러가며 생을 마감하는 사람이 대부분이다.

이처럼 우리가 천직을 발견하지 못하고 시류에 따라 이리저리 흘러가는 이유는 크게 두 가지다.

첫 번째는 교육적 이유다. 교육만큼 우리를 발전시키는 것도 없지만, 교육만큼 우리의 재능을 흐려지게 하는 것도 없다. 특히 성적 위주의 획일화된 교육 문화에서는 재능이 무엇인지, 무엇에 집중을 잘하는지 진지하게 성찰할 시간이 주어지지 않는다. 즉 나의 천직이 무엇인지 생각할 틈을 안 주기 때문에 발견할 수가 없다.

두 번째는 생계적 이유다. 천직을 발견하기 위해선 일정한 관찰과 실험, 검증 기간이 필요하다. 그런데 생계에 눌려 살아가느라 실험과 검증을 위한 시간을 얻지 못해 천직을 발견하지 못한다. 생계 문제는 생존 문제와 직결되기 때문에 반드시 해결해야 한다. 그러나 '정신적 만족이 없는 경제적 만족이란 결코 오래가지 못한다' 란 말이 있듯, 인생 3막을 준비해야 하는 이 시대에 평생 천직을 모른 채 오직 경제적 만족이 전부인 삶만 살아야 하는지 생각해볼 일이다.

교육적 이유와 생계적 문제로 천직을 발견하기 어렵긴 하지만 나다니엘 호손의 말처럼 천직을 찾는 건 생애에서 가장 중요한 일이며, 1인 기업으로 가는 첫 단계이기도 하다.

"알아요. 너무나 잘 압니다. 천직이 왜 중요한지요. 그런데 여러 가지 검사를 받았어도 도대체 나의 천직이 무엇인지 모르겠더라고요."

"확실한 건 지금 이 일이 천직은 아니라는 겁니다. 소소하게 만드는 걸 좋아하긴 하는데, 이것이 천직일까요?"

1인 기업 강의 중 많은 사람에게 천직 이야기를 하면 중요성은 알지만 못 찾겠다는 답변이 대부분이다. 다행히, 천직이 존재한다는 믿음은 있다. 모든 일은 믿음에서 시작된다. 천직은 있다. 다만 못 찾았을 뿐이다.

천직을 발견하는 사람들은 다음과 같이 다섯 가지 유형으로 나뉜다. 만약 '지금 하는 일이 천직일까' 하는 고민을 하는 중이라면 다음의 다섯 가지 유형을 생각하며 내 천직을 찾아보자.

1. 태생적 기질의 발견

태생적 기질은 말 그대로 태어날 때부터 찾은 나만의 기질이다. 기질을 변형시키면 천직으로 발전시킬 수 있다. 태생적 기질은 스스로 찾기보다 오랜 시간 꾸준히 나를 관찰해온 부모님이나 주변 사람들로부터 찾을 수 있다. 기꺼이 조언을 구해라.

2. 범위 확대에 따른 발견

봉사 활동, 취미 활동, 업무 영역 확장 등 다양한 이유로 일의 범위가 확장될 때가 있다. 자주 접한 일의 확장이든, 새로운 일의 확장이든 범위 확대로 천직을 찾을 수 있다. 범위 확대에 따른 천직 찾기에서 주의해야 할 점은 단순한 재미가 아니라, 평소답지 않게 온전한 집중력과 헌신을 발휘하게 되는 일이 천직이 될 가능성이 높다는 것이다.

3. 개인적 신념의 발견

자신도 모르게 누구한테도 양보할 수 없는 신념이 나올 때가 있다. 양보할 수 없는 신념을 직업과 연결한다면 천직이 발견된다. 좋은 예로 애국심이 강한 직업군인이나, 분해한 기계를 밤새도록 조립해 제대로 작동되도록 해야 잠이 드는 엔지니어를 들 수 있다. 강한 신념이 있다면 그것을 직업으로 연결하는 방법만 찾으면 된다.

4. 저항에 따른 발견

혁신의 또 다른 이름은 저항이다. 저항은 기존에 있는 무언가를 바꾸는 것이다. 확고한 믿음이나 용기가 없다면 저항할 수 없다. 평소 기존에 있는 무언가를 바꾸기 위해 부단히 노력했고, 바꾸고 싶은 무엇이 있다면 그 속에 천직이 있다고 할 수 있다. 저항을 느끼는 대상에 대해 불만을 표출하는 데서 끝내지 말고 심사숙고해 천직을 찾아보자.

5. 실행으로 얻은 발견

천직을 발견하고 일정한 경지에 오른 사람들은 뜻밖에 "하다 보니 재미있다"라는 말을 많이 한다. 실행으로 얻은 천직의 발견이면서 우연적 발견이기도 하다. 우연히 발견되었다고 하지만 꾸준히 실행하지 않으면 천직인지도 모르고 지날 수도 있다. 실행으로 천직을 발견했다면 일회성 재미인지, 지속할 수 있는지 생각해봐야 한다.

다섯 가지 유형은 개별적이지 않고 복합적으로 발견된다. 심사숙고해 찾은 천직을 직업으로 연결하자. 직업으로 연결된다면 내가 가진 재능을 남김없이 발휘하고, 나의 가치를 극대화할 수 있다. 또한 종교적 헌신에 가까운 노력까지 더해진다면 일가를 이룰 수 있다.

지금 하는 일이 나에게 천직인지 생각해보자. 교육과 생계라는 두 가지 이유에 눌려 천직을 발견하지 못할 수도 있고, 천직을 어렴풋이 알지만 실행을 못 할 수도 있다. 천직을 안다면, 안정된 지금 준비하면 된다.

천직을 현실화하는 최고의 시스템은 1인 기업이다. 가장 젊은 때는 지금이고, 가장 실행하기 좋은 곳은 내가 있는 이곳이다. 나는 이 점에 착안하여 '지금 이곳에서'라는 이름을 붙였다. 천직을 찾고 지금 이곳에서 준비해보자.

02

관찰하고 실험하고 검증하라

천직을 찾을 때는 공통된 세 가지 과정을 거친다. 순서는 의외로 간단하다. 관찰, 실험, 검증이다.

1. 관찰

앞서 이야기한 천직 찾기 다섯 가지 유형을 생각하며 일정 시간 자신을 관찰해야 한다. 관찰은 객관성 유지가 중요하며 특히 천직을 찾을 때는 '과도한 해석'을 주의해야 한다. 자만에 가까운 과도한 해석 상태에서 누군가 살짝 자극만 준다면 절차와 상관없이 자극적으로 뛰어들 수 있다. 1인 기업 특성상 온라인상에서 많은 일이 이뤄진다. 그래서 과도한 해석으로 무작정 뛰어들어 일이 틀어진다면 그 흔적이 온라인에 고스란히 남는다. 잘못된 온라인 흔적은 평생의 상처가 될 수 있으니 과도한 해석을 주의하며 조금 멀리서 <u>스스로 관찰</u>할 수 있도록 하자.

평범한 직장인 시절, 최고의 1인 기업 모습을 상상하며 치밀하게 준비했던 최효찬 자녀경영연구소의 최효찬 대표. 42세 때 그는 16년간 몸담아온 신문사를 떠난다. 떠밀려서가 아니라 스스로 선택한 퇴직이다.

평소 그는 부장을 보조하는 단계인 선임차장이 되면 물리적으로 그만둬야 할 시기라 판단했다. 그래서 자신이 관심이 있는 분야가 무엇인지 진지하게 관찰했고, 그런 끝에 '자녀교육'이라고 결론을 내렸다. 우선 아내에게 자신의 위치를 충분히 설명하고 1인 기업 준비를 승낙받는다. 그리고 다시 한 번 자신을 진지하게 관찰하고 부족한 부분을 채우기 위해 행동에 옮긴다. 1단계는 학위 취득, 2단계는 저서 집필, 3단계는 1인 기업으로 진화였다.

회사 내규를 꼼꼼히 읽어보고 '상위 학위 취득을 위해 1년간 무급휴가를 받을 수 있다'는 규정을 발견한다. 그는 이를 활용해 1년간 석사 학위를 준비하면서 도서관에서 첫 저서를 집필한다.

첫 저서 《5백년 명문가 자녀교육》이 베스트셀러 반열에 올라가며 그는 자녀교육 전문가로 세상에 알려지기 시작한다. 1년 후 다시 회사로 돌아갔지만, 첫 저서 성공으로 자신감을 얻어 당당히 퇴직한다. 지금은 50권 넘는 책을 집필하고, 자녀교육 분야 강연 1인 기업으로 안착했다.

최효찬 대표는 자신을 진지하게 관찰했기에 무엇을 잘하고 좋아하는지 알 수 있었다. 또 관찰의 시기가 있었기에 무작정 1인 기업에 뛰어들지 않고, 단계적으로 준비하는 전략을 고안해낼 수 있었다. 이처럼 관찰은 1인 기업으로 가는 첫 단계의 첫 단추다. 앞서 제시한 다섯 가지 유형을 생각하며 자신을 꼼꼼히 관찰하자.

2. 실험

실험은 관찰로 얻은 천직을 확인하는 절차다. 특출함을 점검하는 것이 아니라 진정으로 즐길 수 있는지, 매일매일 일정 시간 연습이 가능한지, 개선할 수 있는지를 점검하는 것이다.

이 단계부터는 주변 사람들의 구설수, 한정된 자원, 잘못된 선택, 과거에 얽매이기 등 다양한 장애물이 등장한다. 성공한 1인 기업을 보면 장애물이 존재했던 덕에 천직인지 아닌지를 알 수 있었다고 이구동성으로 말한다. 장애물을 극복하는 과정에서 일에 대한 강한 애정이 나오고, 열정이 나온다는 말이다. 시도하는 일이 장애 없이 일사천리로 해결된다면 자만에 빠지거나, 진지한 실험 없이

1인 기업을 하는 실수를 범할 수 있다. 장애물을 일부러 만들 필요는 없지만, 장애물이 있다면 천직이 맞는지 확인하는 절차로 생각하면 된다.

성인을 상대로 실용음악 학원을 세 개나 운영하는 K 대표. 그가 악기를 만지는 시간은 하루 평균 열두 시간이다. 개인 연습 세 시간, 학원 레슨 아홉 시간으로 보통 사람은 엄두도 못 내는 시간이다. 그는 "고3 생활을 한다고 생각합니다"라고 말할 정도로 연습에 빠져 있다. 집에서도 악기를 연습하는 바람에 아내한테 귀가 따갑다는 소리를 들을 정도지만, 그는 즐겁게 연습한다.

그가 악기를 만지기 시작한 건 고등학교 1학년 때였다. 보통 음악을 시작하는 사람에 비해 늦은 나이지만, 이상하리만큼 악기를 만지면 힘이 나고 즐거웠다고 한다. 얼마나 악기 다루는 걸 좋아했으면, 학원에서 밤늦도록 연습하고 꿈에서도 기타 치는 연습을 해서 아침에 어깨가 아팠다고 한다. 그런 열정이 있었기에 늦은 나이에 시작했음에도 음대에 합격할 수 있었다.

음대 합격 후는 본격적인 실험의 연속이었다. 하루에 열 시간 이상 같은 동작을 반복하면 질리기도 할 텐데, 그는 지치지도 않고 계속했다. 그 과정에서 여러 가지 방법을 개선하며 일취월장하는 자신을 보며 '음악'으로 승부를 봐야겠다는 믿음을 얻는다. 그런 열정 덕에 지금은 지역에서 잘나가는 젊은 음악학원 원장으로 승승장구하고 있다.

실험은 천직을 확인하는 절차다. 실력보다 스스로 만족하는가가 우선이며, 어떤 장애물이 와도 극복할 수 있는지 점검하는 수단이다. K 대표는 열 시간 이상 같은 동작을 반복하고도 질리지 않는 자신을 보며 천직을 확인했다. 이처럼 실험을 통해 천직을 확인해보자.

3. 검증

검증은 관찰과 실험을 통해 얻은 천직의 시장성을 테스트하는 일로 천직 찾기 이후 단계를 준비하는 것이라 할 수 있다. 검증에서 필요한 건 제삼자의 평가다. 관찰과 실험이 자신 중심이었다면, 검증은 1인 기업의 고객이 될 제삼자 중심이다. 검증할 때 일정한 수익도 얻으면 좋겠지만 완성되지 않은 상태에서 돈을 받았다가는 고객에게 실력과 공신력을 의심받을 수도 있다. 그러니 이 과정에서는 경제적으로 힘들더라도 평가에 중점을 두자. 귀중한 시간을 내준 제삼자에게 감사함을 표하고, 무료일지라도 최선을 다해 검증 과정을 거치자.

나의 대학 전공은 기계공학이다. 기계공학 안에서도 산업설비다. 산업설비는 배관 제작과 용접을 바탕으로 일하는 분야다. 나도 현장에서 용접과 배관 작업을 하며 천직 찾기의 검증 과정을 거쳤다.

용접을 하다 보면 아크 불빛(강한 자외선)이 강해 피부가 망가진다. 보호구를 착용한다고 해도 모든 아크 불빛을 막지 못한다. 그래서 퇴근할 때쯤이면 얼굴이 빨개져 술 먹은 사람처럼 보일 때도 있다. 그날 저녁에 강의가 있다면, 빨개진 얼굴로 강의를 나갈 수밖에 없었다. 청중들에게 술 먹고 강의한다는 오해를 받은 적도 많다.

그런데 낮에 용접하고 배관 작업하는 일이 힘들어도, 밤에 강의하러 가는 날이면 이상하게 힘이 나 정장으로 갈아입고 신이 나서 출발했다. 그걸 보면서 '내가 이 일을 정말 좋아하는구나!' 하고 스스로 검증했다. 그때 특히 성인을 상대로 한 '연말 건배사 기법', 청소년을 대상으로 한 '인터넷 기사 바로 보기' 강의로 제삼자 청중에게 많은 인기를 얻었다. 검증하기 위한 대부분 과정은 무료로 진행했다.

이런 검증 과정이 없었다면 지금 어떤 모습일까 스스로 상상해 볼 때가 있다. 무료로 강의를 나간 이유는 아직 1인 기업 상품이 시장에서 확인되지 않았고, 직장인으로서 안정된 수입이 있었기 때문이다. 지금 안정된 수입이 있다면 무료로라도 천직을 찾기 위해 검증하러 나가라.

검증하는 과정에서는 제삼자와 지속적인 피드백을 받을 수 있는 창구를 확보해야 한다. 또한, 제삼자에게 객관적으로 평가받을 수 있는 문서 리서치를 하는 것이 좋다. 만약 검증 과정에서 반응이 없다면 기술 향상에 집중하면 된다.

자신을 관찰하고, 천직을 실험하고, 검증을 통해 시장성까지 확인했다면 천직으로 충분히 1인 기업의 닻을 올릴 수 있다. 이 패턴을 인식하고 나에게 맞는 천직을 찾자.

03

안정이라는 유혹을 물리쳐라

1인 기업으로 가는 첫 번째 단계인, 천직 발견을 위해 관찰과 실험, 검증까지 일련의 과정이 필요하다. 이 과정은 익숙한 것을 떠나야 하는 도전이다. 도전이 왔을 때 선택할 수 있는 건 두 가지밖에 없다. '모험을 선택하느냐, 현상 유지를 선택하느냐' 하는 것이다.

모험을 선택했다면 결과는 알 수 없다. 모험가는 자기 주도성을 관찰하고 실험과 검증을 통해 천직을 찾아갈 뿐이다. 찾아가는 과정에서 시간적, 금전적, 감정적 손해가 발생할 수 있다. 하지만 손해를 본다고 해도 도전했다는 자신감이 남는다. 여기서 중요한 건 도전하며 쌓은 경험이 1인 기업을 경영할 때 지식과 노하우로 변한다는 것이다. 경험을 통해 얻은 지식과 노하우가 1인 기업에는 둘도 없는 자본이기에 그것을 '해봤다'는 것 자체만으로도 큰 힘이 된다. 즉 '모든 경험은 선(善)이다'라는 말은 1인 기업에 그대로 적용된다.

반대로 현상 유지를 선택했다면 손해가 없고, 심리적으로 불안하진 않지만 어떠한 변화 없이 그 자리에 머물고 만다. 도전하지 못한 후회만 있을 뿐이며, '해봤다'는 경험이 없기에 밑천이 없어서 1인 기업을 성공시킬 가능성은 더욱 줄어든다.

사람들과 천직 이야기를 나누다 보면 천직의 중요성을 다 알고 있는 것 같다. 하지만 그들 모두가 천직 찾기에 적극적으로 나서지는 않는 듯하다. 모험이 두려워 포기하는 것이다. 모험을 두려워하게 하는 요소는 많지만 '안정'이라는 유혹이야말로 가장 큰 방해 요인이 아닐까 생각한다.

사람은 누구나 불안정을 싫어한다. 불안정에는 언제나 변화가 있다. 변화는 사람의 에너지를 빼앗아 가고, 심리적으로 불안하게 만든다. 하지만 조금만 더 깊이 생각해보자. 우리 삶에서 언제고 안정이 존재했던 적이 있을까? 특히 직업적으로 말이다.

일반 기업은 말할 것도 없고, 안정된 직업의 대명사로 불리는 공무원도 마찬가지다. 2013년 유럽 경제 위기로 이탈리아는 공무원 2만 4,000명을 감축했고 2014년에는 공공 부분 30만 명까지 감축을 추진하고 있다. 그리스도 2011년 3만 명의 공무원을 감원했고, 아일랜드 역시 2015년까지 2만 3,500명의 공무원을 줄일 계획이다. 만약 우리나라도 같은 위기가 오고 국제통화기금에서 공무원의 강도 높은 개혁을 요구한다면 안정된 직장이라는 별칭은 없어질 수도 있다.

공무원을 예로 든 것뿐, 어떤 직장이든 안정은 존재하지 않는다. 그렇게 믿고 싶은 사람들이 만들어낸 착각일 수도 있다. 오래전부터 모험과 불안을 끼고 살아야 했던 사람들의 염원이 만들어낸 착각 말이다.

오랜 시간 우리의 뇌와 신체는 변화에 노출되었고, 변화에 적응했다. 특출 난 재주가 없는 인류가 이렇게까지 진보할 수 있었던 이유도 변화에 적응하는 진화 능력이 있었기 때문이다. 그 점을 생각한다면 우리의 뇌와 신체는 이미 변화를 받아들이게끔 프로그램되어 있다고 할 수 있다.

하지만 어느 순간 모험과 도전을 거부하고 안정을 따라가는 사람들이 늘어나면서, 도전하는 사람을 동경하고 그저 바라보기만 하는 경우가 많아졌다. 더 나아가 도전하는 사람을 신기해하고, 경외감을 표하기까지 한다. 그것이 우리가 가진 '당연함'임을 모르면서 말이다.

반면, 도전하는 사람은 이런 태생적이고 신체적인 특징이 있기에 흥분되고 설렌다고 말한다. 도전이 왜 즐거움인지를 알 수 있는 쉬운 예가 있다. 바로 여행을 떠날 때다. 여행은 익숙한 일이 아니며, 익숙한 공간도 아니다. 때에 따라 위험도 따르지만 즐겁고 설레는 일이다. 여행의 설렘을 생각한다면 사람에게 도전은 태생적, 신체적으로 맞는 것이다.

안정은 존재하지 않았고, 우리 생각과 신체에도 맞지 않는다. 단지 안정이 좋다고 교육받았으며, 그렇게 사는 사람들 무리에 속해 있기 때문에 착각하는 것이다.

천직 찾기는 물론이고 1인 기업으로 가는 모든 과정은 도전의 연속이며 불안정할 수밖에 없다. 하지만 태생적으로 우리에게 주어진 신체적 특징을 따르고 자아를 실현하기 위해 안정이라는 착각을 밀어내고 기꺼이 모험을 선택하자.

1인 기업으로 가는 모험은 물론 천직을 찾는 첫발을 내딛기 위해 다음과 같은 생각을 갖출 필요가 있다.

첫째, 과거의 영광은 물론 실패의 기억도 지운다.

과거의 영광은 과거에 얽매이게 하여 같은 방법을 반복하게 만들 뿐이다. 나아가 자신을 게으르게 하고, 자아도취에 빠지게 한다. 또한 실패의 기억은 소심하고 우유부단하게 만든다. 그러므로 과감한 모험을 위해 영광의 기억도 실패의 기억도 의도적으로 지워야 한다.

둘째, 계속해서 정신을 움직인다.

모험을 위해서는 호기심이 필요하다. 어릴 때 우리는 정신을 멈추지 않았다. 항상 열려 있었고, 많은 걸 흡수했다. 하지만 나이가 들면서 생각이 특정한 주제나 관념에 집중하기 시작했다. 억지라도 특정한 주제나 관념에서 벗어나 다른 것들에 주의를 기울여라. 그러기 위해 계속해서 정신을 움직여야 한다. 움직임을 일상으로 받아들인다면, 도전도 일상처럼 받아들일 수 있다. 계속해서 정신을 움직일 필요가 있다.

안정은 우리가 만든 착각이다. 어떤 역사적 사건이나 개인의 삶에도 안정이 존재했던 적은 없다. 단지 안정되었다고 생각할 뿐이고, 그렇게 보일 뿐이다. 더욱이 1인 기업은 어느 직업보다 더 안정에서 벗어나야 한다. 새로운 변화를 선도하는 건 개인이고 개인이 바로 1인 기업이기 때문이다. 안정이라는 영원한 착각에서 벗어나 천직 찾기의 첫발을 내디디고, 여행을 떠나는 설레는 마음으로 행동하자.

:: **04** ::

나한테 당연한
것을 찾아라

카페에 가면 대화식으로 영어를 배우거나 코바늘 뜨기, 타로 같은 기술을 일대일로 배우는 사람을 종종 볼 수 있다. 사무실이나 강의실 없이 배울 수 있고, 배울 수 있는 종류도 다양하며 교육 신청과 일정 조율은 인터넷 카페에서 이루어진다. 이런 현상을 볼 때마다 평생교육이 새로운 흐름이라는 생각이 든다. 이 흐름에서 주목해야 할 것은 가르치는 사람이 전문가나 프로가 아니라는 점이다. 직장은 따로 있고 남들보다 한 뼘 더 알고 있는 아마추어가 교육한다.

카페에서 프랑스어를 가르치는 지인이 있다. 낮에는 무역 일을 하면서, 밤에는 사람 만나는 재미로 프랑스어를 일대일로 가르친다. 수업을 중단한다고 생계에 위험이 되는 것도 아니니, 가벼운 마음으로 다양한 사람을 만난다. 그러면서 세상 보는 눈을 넓힐 수 있다며 그는 무척 즐거워한다. 그의 전공은 프랑스어가 아니라 미술이다. 단지 유학을 파리에서 했고, 남들보다 거주 기간이 길었던 것뿐이다.

그 지인처럼 전문가가 아니더라도 돈을 받고 교육해주는 현상이 늘어나고 있다. 또 강의실을 시간 단위로 임대하는 곳도 늘어나고 있어 대중적 니즈가 있는 콘텐츠라면 언제든지 수업을 개설할 수 있는 시대다. 이런 현상이 증가할수록 1인 기업에게 좋은 기회가 늘어난다.

자신이 가지고 있는 경험, 지식, 노하우를 바탕으로 사업하는 걸 '메신저 사업'이라 한다. 사업을 일으키기 위한 설립 자본이나 생산설비도 필요 없다. 메신저 사업은 1인 기업의 기본 중 기본인 '최대한 작게 시작하라'의 정석인 셈이다.

메신저 사업의 실마리는 멀리서 찾을 필요가 없다. 나와 가장 가까이에서 찾으면 된다. 가장 가까이 있기에 누구보다 그 분야의 역학관계나 흐름을 잘 알고 있다. 반대로 잘 알고 있기에 깊게 생각하지 않아 메신저 사업으로 연결하지 못한다. 그곳에 천직의 힌트가 있는데도 말이다.

집안이 어려워 스무 살 때부터 건축자재 영업사원으로 시작해 지금은 큰 매장을 운영하는 50대 K 대표. 그는 건축자재에 관한 지식은 기본이고 영업 기술, 매장에 필요한 경영 기법 모두를 알고 있다. 내가 볼 때는 건축자재 매장 운영의 고수였다. 그에게 창업을 꿈꾸는 사람들 앞에서 특강을 해달라고 요청했다가 거절당했다. 그가 거절한 이유는 무대 공포 때문이 아니었다. 자신의 이야기가 너무나 평범해 누가 내 이야기를 들어주겠느냐 싶어서였다. 하지만 내가 볼 때 K 씨는 매장 운영의 전문가였고, 청중에게는 그의 조언이 절실히 필요했다.

강의 방법을 바꿔 질의응답으로만 진행한다고 제안하고 강연장으로 끌고 왔다. 청중은 그에게 끊임없이 질문하고, K 씨도 모든 노하우를 동원해 답변해준 열정적인 강의였다. 강의 후 그는 "내가 알고 있는 것을 의외로 남들은 모르고 있어 놀랐다"고 말했다. 거기에서 자극을 받은 그는 그동안 쌓은 지식과 노하우를 바탕으로 정보를 교환할 방법을 찾고 있다.

K 씨처럼 '나한테는 당연한데' 남들은 돈을 들여서라도 얻고 싶어 할 정보나 지식, 경험이 있을 것이다. 이를 찾는다면 천직으로 연결할 수 있다.

가까이에서 천직을 찾고 메신저 사업을 시작하기 위해서는 우선 자신이 가지고 있는 걸 객관적으로 돌아볼 필요가 있다. 그간 '1인 기업 아카데미'를 운영하면서 느낀 건 많은 분이 가까이에 있는 천직 찾기를 어려워한다는 것이다. 그만큼 자신 안에 감춰진 보물을 못 찾는다는 얘기다.

천직 찾기를 어려워하는 이유는 천직을 너무 거창한 개념으로 보기 때문이다. 하지만 우리 주변을 보면 즐겁게 일하고 단잠을 청하는 사람들, 자기 일에 사명감과 자부심을 가진 사람이 많다. 그들은 거창하지 않다. 단지 그 일을 좋아하는 것뿐이고, "어쩔 수 없으니 한다"라는 생각은 존재하지 않는다. 우선 천직을 거창하게 생각하는 마음부터 내려놓고, 메신저 사업을 생각하며 천직을 찾아보자.

다음 네 가지 질문으로 자신 돌아보면 분명 가까이에 천직이 있을 것이다. 진지하게 답변해보고 천직으로 연결해보자.

첫째, 사람들이 당신에게 자주 문의하는 '그 무엇'이 있는가?

사회가 복잡해지면서 발생하는 문제도 다양해졌다. 문제를 해결하는 방법 또한 복잡하다. 해결 방법을 찾는 과정에서 주변 사람들이 당신에게 자주 문의하는 '그 무엇'이 있기 마련이다. 단지 통계를 냈거나 기록해둔 게 없을 뿐이다. 문의하는 부분을 조금 더 생각하고 직업과 연결하면 천직으로 발전시킬 수 있다.

둘째, 그동안 이룬 성과나 경험들에는 무엇이 있는가?

애완견을 키우는 건 누구나 할 수 있지만, 애완견을 잘 키우는 건 아무나 못 한다. 애완견을 단기간에 가족으로 만든 경험이 있다면 애완견 전문 코치로 연결할 수 있다. 단지 못 찾을 뿐이다. 진지한 태도로 이룬 성과나 경험들을 고민해보자. 누군가는 목말라하는 고급 정보일 수 있고 그 속에 천직이 있을 수 있다.

셋째, 공부했던 분야가 무엇인가?

지식 분야는 무궁무진하고, 늘 새로운 지식이 쏟아지면서 개인이 할 수 있는 공부도 많아졌다. 하지만 공부할 수 있는 시간에는 한계가 있다. 자신이 공부했던 분야가 남들에게는 필요한 지식일 수 있다. 무엇을 공부했는지 돌아보자. 1인 기업으로 연결될 수 있으며, 자신이 찾아서 했던 공부에 천직의 비밀이 담겨 있다.

넷째, 직장(직업)을 제외하고 가장 많은 시간을 보내는 곳이 어디인가?

스스로 그곳을 가고 많이 찾는 이유는 그곳을 갈망하고 있다는 증거다. 단지 본업으로 바꾸는 방법을 모를 뿐이다. 많이 찾는 시간과 장소를 떠올려봐라. 그 안에 천직의 비밀이 있을 것이다. 이 질문을 통해 어렴풋이 천직을 찾을 수 있다. 만약 없다면 조금 더 다양한 경험을 쌓고, 자기 주도성을 가지고 일해보길 바란다.

천직은 거창하거나 멀리 있지 않다. 그래서 오히려 발견하지 못

하는 것뿐이다. 천직 찾기는 물론이고, 모든 1인 기업은 내 주변에서 시작한다. 주변의 작은 것이라도 놓치지 말고 생각해보자. 나한테는 당연한데, 상대는 비용을 줘서라도 듣고 싶어 하는 것이 있다. 이런 힌트를 놓치지 말자. 천직은 이런 소소한 힌트 속에 있다. 천직은 나와 가장 가까이에 있음을 기억하자.

'지금 이곳에서' 시작하라

얼마 전 자신을 육군 병장이라 소개하는 사람에게서 1인 기업에 관한 문의 메일을 받았다. 나이는 스물세 살에 부(富)에 관한 책을 열심히 읽고 있으며, 부자 관련 컨설팅 1인 기업을 하고 싶다는 메일이었다. 메일에는 나이가 어리고 경험이 없는 상태에서 1인 기업을 할 수 있을지 우려하는 내용도 있었다.

1인 기업과 관련하여 조언을 해주다 보면 많은 사람이 내가 가지고 있는 것으로 1인 기업을 할 수 있을지 의구심을 가진다는 걸 종종 느끼곤 한다. 의구심을 갖는 이유는 1인 기업을 거창한 성과 기반형 기업으로 생각하기 때문이다. 하지만 연구 기반형 1인 기업도 다수 존재한다.

1인 기업은 크게 성과 기반형과 연구 기반형으로 나뉜다.

성과 기반형 1인 기업은 '나는 그걸 했었다'를 기본으로 운영된다. 누구든 세상을 살면서 다른 사람보다 빨리 또는 뛰어나게 성과를 낸 경험이 있다. 그 성과를 바탕으로 한 것이 성과 기반형 1인 기업이다.

제안제도로 대통령상까지 수상한 선진디앤씨 윤생진 대표가 성과 기반형 1인 기업의 좋은 예다. 그는 직장에 다닐 때 하루에 7건이나 제안을 올린 적이 있을 만큼 열정적이었다. 바로 그러한 성과로 1인 기업을 하고 있다.

윤생진 대표처럼 두드러지는 정도가 아니라도 누군가 필요한 분야에서 성과를 냈다면, 성과 기반형 1인 기업이 될 수 있다. 누구에게나 살면서 이룬 성과는 생각보다 많다. 진학, 취업, 결혼, 육아, 취미 등 모든 것이 성과다. 자신이 이룬 성과를 차분히 생각한다면 성과 기반형 1인 기업으로 변화시킬 수 있다.

연구 기반형 1인 기업은 연구(공부)해서 1인 기업을 하는 사람이다. 트렌드에 맞고, 남들보다 먼저 또는 깊게 공부했다면 성과와 상관없이 1인 기업을 할 수 있다. 현재 활발히 활동하는 1인 기업들도 처음에는 연구하는 입장이었고, 처음부터 엄청난 성과를 가진 사람은 많지 않다. 그래서 다른 사람이 궁금해하거나 정보가 필요한 주제가 있다면 공부를 해서 그 주제에 통달하면 1인 기업이 될 수 있다.

최근 1인 기업 추세를 보면 성과 기반, 연구 기반에 상관없이 두 가지가 동시에 진행된다. 단지 처음 입문할 때 '성과 기반이냐, 연구 기반이냐'의 차이만 있을 뿐 결국 성과와 연구를 같이 하게 되는 공통점을 볼 수 있다.

'지금 이곳에서' 1인 기업을 찾을 때 주의해야 점이 있다.

먼저 성과 기반형 1인 기업에는 마케팅 능력이 중요하다. 아무리 좋은 성과가 있다 하더라도 나를 홍보하지 못한다면 소용이 없다. 또 성과 기반의 경우 오직 '성과'만 외칠 순 없으니 대중이 공감할 수 있는 충분한 자료와 이론도 갖춰야 한다.

그리고 연구 기반형은 성과 기반형보다 깊이 있는 공부가 필요하다. 성과 기반을 뛰어넘을 수 있도록 새로운 관점을 가지고 연구할 필요가 있으며, 성과 기반보다 최신 트렌드를 선도해야 한다.

메일을 보낸 육군 병장에게 연구 기반형으로 1인 기업을 시작해 성과 기반형을 동시에 진행하라는 조언을 했다. 연구 기반형 1인 기업은 '지금 이곳에서' 할 수 있다. 공부한 이론으로 서서히 성과를 내면 된다. 내가 가진 것에 의구심이 든다면 연구 기반형 1인 기업으로 나아가라. 그리고 1인 기업을 하면서 성과 기반으로 영역을 확대하면 된다.

지금 이곳에서 1인 기업을 찾을 때 성과 기반형과 연구 기반형 어느 방법으로 시작하든 결국에는 둘을 병행할 수밖에 없다. 그런 지향점을 갖고 현재 내가 가진 '그 무엇'으로 1인 기업을 해보자.

1단계 TIP | 나에게 맞는 천직을 찾아라

| 관련 사이트 |
- 워크넷(성인용 직업심리검사) www.work.go.kr
- 한국MBTI연구소 www.mbti.co.kr
- 다중지능연구소 www.multiiq.com
- 한국가이던스 www.guidance.co.kr
- 행복한밥벌이_천직을 찾아서 http://cafe.naver.com/idealjob
  ※ 데이터화된 기질이나 유형은 단지 참고만 할 것

| 관련 저서 |
- 《내면지능: 운명을 바꾸는》, 서정현, 강단
- 《일생의 일: 나는 평생 무슨 일을 하며 살 것인가》, 김민태, 쌤앤파커스
- 《천직, 내 가슴이 시키는 일》, 정균승, 김영사
- 《마스터리의 법칙: 내 안에 숨겨진 최대치의 힘을 찾는 법》, 로버트 그린, Biz

직장이 아니라
일에 대한 관점을 바꿔라

01

조직 안
1인 기업이 되라

먼저 이 질문에 답해보자.

"당신은 조직에 고용된 사람인가, 조직을 선택한 사람인가?"

이 책을 읽고 있는 사람이라면 기업의 존재 이유에 대해 누구보다 잘 알 것이다. 기업의 존재 이유는 바로 이익추구다. 아무리 시대가 변해도 '기업'이라는 조직이 존재하는 한 이익추구는 변하지 않는 동기이며 누구한테도 양보할 수 없는 절대적인 목적이다.

기업에는 누군가 새로운 아이디어를 갖고 위험을 감수해 무언가를 만들어낸 사람이 있을 것이다. 그 사람은 자신이 제시한 일정한 계약 조건으로 기업에 고용된다. 그렇게 서로의 이익을 위해 한두 사람이 모여 기업이 시작된다. 결국, 기업은 고용한 사람이나 고용된 사람이나 서로에게 이익이 되기 때문에 일정한 고용관계를 맺는다.

고용된 사람은 이익을 위해 일하지만, 한편으로는 불만도 가진다. 모 취업 사이트에서 직장인 898명을 대상으로 불만족 정도를 조사했다. 대상자 두 명 중 한 명은 불만족 때문에 충동적으로 퇴사나 이직을 결정한 경험이 있다고 답했다. 불만족 이유 1위는 인간관계에서의 갈등이었고, 2위는 잦은 야근과 높은 노동 강도였다. 그리고 불안한 미래, 연봉 등이 뒤를 이었다.

고용된 사람은 이러한 이유로 불만족스럽다고 하지만, 안타까운 건 그런 요인 중 고용된 사람 자신이 통제할 수 있는 게 많지 않다는 것이다. 고용된 사람이 단시간에 회사의 제도를 바꾸거나 상사 또는 후배의 삶의 방식을 뜯어고칠 순 없는 노릇 아닌가. 이런 사실 탓에 더욱더 무기력해지고 이직이나 퇴사를 고려할 수밖에 없다.

이런 불만과 상관없이, 기업은 이익추구가 본래의 목적이다 보니 때에 따라 이익을 위해 일방적으로 감원을 할 때가 있다. 인간적인 면으로 본다면 회사를 위해 일했던 사람을 일방적으로 감원한다는 건 잔인해 보일 수 있다. 하지만 기업의 본래 목적을 생각한다면 지극히 당연한 일이다.

그런데 조직생활을 오래 하다 보면 기업의 본래 목적이 이렇다는 것을 잊어버리고 회사에 막연히 의존하거나 기대심리를 갖게 된다. 여기에 우리나라만의 독특한 직장인 윤리까지 더해지면서 대부분 조직원이 기업의 본질을 잊고 살아간다. 이처럼 많은 직장인이 불만이 있으면서도, 한편으로는 의지하는 마음도 동시에 갖고 있다.

하지만 나는 불만을 느끼거나 의지하고 싶은 마음을 깔끔하게 정리해버리는 것이 자신을 위해서나 회사를 위해서 가장 좋은 방법이라고 생각한다.

불만의 경우를 보자. 일단 누구라도 불만이 없을 순 없다는 점은 인정한다. 하지만 내가 통제할 수 있는 범위에는 한계가 있기 때문에 서서히 개선해나가야 한다. 여기서 기업의 본질을 생각한다면 내가 이익을 제공해줘야 나의 불만을 개선해준다는 사실을 알아야 한다. 불만에 집중하기보다 이익을 줄 방법, 개선할 방법에 집중해보자.

의지하는 마음의 경우를 보자. 먼저 생각해야 할 점은 이것이다. 내일이라도 이런저런 이유로 내가 회사를 떠날 수 있고, 회사도 나를 떠나보낼 수 있다는 점이다. 하지만 적어도 회사에 머무는 동안은 최선을 다해 내가 가진 서비스를 제공하고, 내가 제공하는 서비스의 질을 높이도록 노력해야 한다. 그리고 내가 제공하는 서비스의 질을 유지하고, 보수하는 건 조직이 아니라 바로 나의 책임이라는 마음가짐으로 업무에 임해야 한다.

이런 마음을 갖기 위해선 직장인 윤리라는 것을 다시 생각해볼 필요가 있다. 아직 일부에서는 맹목적 애사심을 교육하고 있고, 그것을 의심 없이 받아들이고 있다. 이 역시 나를 위해, 회사를 위해 버려야 한다고 생각한다. 직장인 윤리는 회사 중심이 아니라 바로 고객 중심이어야 한다. 고객에게 더욱 나은 서비스를 제공하기 위해 직장인 윤리가 존재하는 것이지, 오랫동안 맹목적으로 일하기 위해 존재하는 것이 아니다. 직장인 윤리는 회사가 아니라 고객을 위한 것임을 다시 한 번 기억하자.

이젠 회사에 대해 불만을 갖기보다 내가 이익을 주고 개선받는 대상으로, 회사에 의지하는 마음을 갖기보다 서비스 제공자로서의 마음가짐으로 바꾸자. 그러기 위해 회사를 내 경제생활에 최고로 기여하는 '경제적 최우수 고객(VIP)'이라 생각하며 일하자. 즉 나는 회사 안에 있는 독립법인(independent corporation)임을 선포하고 경제적 VIP에게 서비스를 제공한다는 마음으로 일하면 된다. 이 독립법인을 1인 기업이라 할 수 있다. '직장이 아니라 일에 대한 관점을 바꿔라'는 말은 결국 직장을 VIP로, 나는 회사 안에 있는 1

인 기업으로 관점을 바꾸라는 말이다.

이는 아웃소싱(outsourcing) 개념과는 차이를 둬야 한다. 아웃소싱의 핵심 경쟁력은 가격이다. 가격이 낮은 아웃소싱이 승산이 있다. 하지만 1인 기업은 가격 경쟁력보다 서비스의 질을 최우선의 경쟁력으로 한다는 사실이다. 1인 기업은 시간을 파는 기업이 아니다. 가치를 파는 기업이다. 가치는 서비스의 질에 따라 가격이 매겨진다. 경제적 VIP에게 어떤 질 좋은 가치를 팔지 항상 염두에 두고 업무에 임해야 한다.

직장에 대한 관점을 바꾸고 1인 기업이 되겠다면 다음과 같은 질문을 스스로에게 해보자.

"나는 무엇을 제공하는 기업인가?"

경제적 VIP에게 제공하는 상품이 무엇인지 규정짓는다면, 시간을 파는 직장인이 아니라 상품의 가치를 제공하는 1인 기업으로 활동할 수 있다. 상품을 추상적으로 생각하지 말고, 구체적으로 생각하고 규정하자. 당신은 회사에 무엇을 팔고 있는가 말이다.

"조직 안에서 나의 1인 기업 경쟁력은 무엇이며, 어떻게 발전해 나가야 하나?"

서로 기업인 상태에서 어떤 경쟁력을 가졌는가의 문제는 무척 중요하다. 1인 기업과 조직은 갑을 관계가 아닌 대등한 입장이다.

조직은 내가 제공한 서비스로 나에게 금전적 보상을 준다. 그러므로 어떤 경쟁력을 갖춰야 하고, 앞으로 어떻게 발전해야 하는지 고민할 필요가 있다.

"기업의 모토는 무엇인가?"

앞서 말했듯 기업의 모토는 무언가를 결정할 때 매우 중요한 가치판단 기준이다. 조직 내 1인 기업은 인간관계, 업무 주도성 두 가지 문제에서 조직 밖 1인 기업과 다른 유형으로 일해야 한다. 조직 안과 밖의 일을 동시에 수행해야 하므로 힘든 선택의 연속일 수 있다. 이때 모토가 있다면 그런 상황에서 무언가를 결정할 때 도움이 될 것이다. 진지하게 모토를 정하자. 이 모토는 언젠가 올 직장 밖 1인 기업을 경영할 때 도움이 된다.

조직 내 1인 기업은 조직을 선택한 사람이다. 그 조직에 고용당한 사람이 아니다. 지금 불만이 있거나 마음 한편에 의지하고 싶은 마음이 있거든, 얼른 버려라. 그리고 직장을 바꾸지 말고, 일에 대한 관점을 바꿔라. 회사는 VIP이며, 나는 회사 안에 있는 1인 기업이라고 말이다. VIP에게 줄 수 있는 최상의 서비스를 제공하고 정당한 보상을 받자. 이렇게 관점을 바꾸는 것부터가 천직을 찾아 1인 기업으로 가는 길이다.

직장을 바꾸기보다 직장에서 정신적 독립을 선포하고 1인 기업으로 내 사업을 운영하자. 때에 따라 기업의 본래 목적인 이익추구 때문에 제대로 된 보상을 받지 못할 수도 있고, 내 성과를 가로채는 상사도 있을 것이다. 이런 일시적 불만을 누르고 회사의 시스템, 회사가 제공하는 기회를 적극적으로 활용하는 1인 기업으로 자신을 변모시키자. 그러면 직장과 1인 기업 모두가 원-원(win-win)하는 결과를 얻을 것이다.

02

지금 대충 하면
끝내 대충 하게 된다

'불금', '놀토' 같은 신조어는 주5일제가 만들어낸 새로운 문화를 반영한다. 주5일제 시행으로 금요일 저녁에 술을 많이 먹을 것 같지만, 주변에 요식업하시는 분들의 이야기를 들어보면 목요일 저녁에 회식이 몰린다고 한다. 타지에서 일하는 사람의 경우 금요일 저녁에 고향으로 출발하기 때문이기도 하고, 대부분은 다음 날이 쉬는 토요일인데 몸이 무거우면 제대로 못 쉬고 못 즐긴다고 생각한다는 것이다. 그래서 목요일 회식이 많아졌다. 이때 금요일 업무는 뒷전이다. 금요일에 피곤한 거야 적당히 때우면 되는 것 아닌가 하는 생각이다.

물론 모든 직장인이 그런 건 아니지만, 이런 직장인이 많은 것도 사실이다.

왜 직장인들은 나와 가족의 생계를 책임져주는 고마운 회사를 박대하는 것일까? 이유는 적당히 감당할 수 있을 만큼 일해도 월급이 나오기 때문인 것 같다. 적당히 일해도 월급이 나오는데 누가 열심히 일하겠는가.

직장생활을 정리하고 자신이 원하는 1인 기업으로 성공하는 사람들을 보면, 누구 하나 직장생활을 대충 하지 않았음을 알 수 있다. 열정적으로 일했던 직장생활 때의 습관이 다른 일을 할 때도 고스란히 나온다. 일에 대한 관점을 바꿔야 하는 이유도 평소 일하는 습관이 내 사업을 할 때도 계속되기 때문이다.

특이한 경우가 아니라면 대부분 일을 시작할 때 고용된 상태로 시작한다. 고용된 상태지만 자기 주도성을 가지고 일하는 사람이 있는가 반면 반쯤 졸린 상태에서 주어진 일만 마지 못해 하는 사람이 있다. 그런데 자기 주도성을 한 번도 경험해보지 못한 사람이 자기 사업에 성공했다는 소리는 어불성설이다. 습관은 쉽게 바뀌지 않기 때문이다.

해운업과 철도업으로 재산을 모은 미국의 사업가이자 자선가 코넬리우스 밴더빌트. 미국의 유명한 밴더빌트 가문의 가주(家主)이기도 하다. 그는 어린 나이에 아버지가 운영하던 소규모 해운회사를 도와드려야 했는데 단조롭고 고된 그 일을 싫어했다. 다행히 코넬리우스는 야망이 큰 아이였다. 3년 안에 자기 손으로 직접 해운회사를 차리겠다는 포부를 마음속에 품는다. 이렇게 단순한 마음가짐의 변화로 모든 것이 바뀌었다.

3년 안에 자기 사업을 시작하기로 생각하고 보니 촌음이 아까웠다. 힘든 회사 일이 교육 시간이었고, 아버지보다 좋은 아이디어를 만들기 위해 눈을 부릅뜨고 개선점을 찾았다. 아버지도 아들의 열정적인 행동을 좋아했다. 이젠 아버지 해운 일이 지루한 노동이 아니라 짜릿한 교육이었다.

그리고 3년이 지나자, 그는 정말로 자기 사업을 시작했다. 어머니한테 100달러를 빌리고 배를 한 척 구입해 맨해튼과 스태튼 아일랜드를 오가며 승객을 실어 날랐다. 1년 후 어머니 빚을 다 갚고 본격적인 사업을 시작했다. 그 후 꾸준한 성공으로 결국 가문의 가주가 될 정도로 큰 기업을 세웠다.

아버지 일을 도와주기 위해 시작했지만, 직장을 단순 직장으로 여기지 않고 미래를 위한 교육장으로 바꾼 코넬리우스는 자신의 직장 경험으로 좌우명을 만들었다.

"절대 직원이 되겠다고 생각하지 말고 늘 주인이 되려 하라."

우리가 태어날 때, 내가 가지고 올 수 있는 유일한 자원은 시간뿐이다. 부모님의 지원이나 개인별 재능의 차이 때문에 출발선이 달라질 순 있지만, 유일한 자원인 시간은 누구에게나 공평하게 주어진다. 이 시간을 어떻게 사용하느냐에 따라 분명 운명은 달라진다. 코넬리우스처럼 직장에 대한 관점을 바꾸고, 운명을 바꿀 수 있도록 시간을 활용해야 한다.

여기서 생각할 것이 또 있다. 회사는 일하는 집단이고, 이익을 가장 우선시한다. 그리고 앨빈 토플러가 말했듯 회사야말로 변화의 물결이 가장 빠르게 일어나는 집단이기도 하다. 이런 집단에서 적당히 일하고 반쯤 졸린 상태에서 일해도 돈을 받는다면 회사의 관대함에 감사해야 한다. 하지만 그 관대함이 영원할지 판단하고 행동하는 건 개인의 몫이다.

1인 기업을 꿈꾼다면 직장을 바꾸지 말고 지금 하는 일에 대한 관점을 바꾸자. 시간을 파는 직장인이 아니라 예비 1인 기업의 마인드로 말이다. 처음 입사할 때는 패기를 갖추고, 연차가 쌓일수록 노련함에 열정을 더하자. 스스로 고용당한 사람이라 생각하지 않고 회사와 동등한 '회사 속 회사'라 생각하고 일하면 개인은 물론 회사의 발전에도 도움이 된다.

또 일할 때 열심히 하는 사람들의 특징은 출세에 집중하지 않는다는 것이다. 즉 진급은 열심히 일할 때 얻는 보너스일 뿐이다. 출세를 위해선 사내 정치에 집중하면 되지, 일을 열심히 할 필요는 없지 않은가. 회사 내에서 일을 열심히 하는 사람들은 출세가 아니라 일이 좋아서 그렇게 한다.

그래서 누군가는 "월급을 생각하기보다 너의 일에 최선을 다해야 한다. 그래야 오히려 월급쟁이에서 벗어날 수 있다"고 말했다. 월급쟁이보다 더 열심히 직장생활을 한다면 주어지는 보상이 금전, 진급뿐만은 아니다. 1인 기업으로 갈 수 있는 습관까지 완성할 수 있다.

이처럼 열심히 직장생활을 한 후 1인 기업으로 직업 2막을 안착하는 사람들은 직장에서 네 가지를 준비한다.

1. 한 분야의 깊이 있는 공부
2. 손재주 개발 및 기술 개발
3. 타의 추종을 불허하는 수집
4. 스토리의 수집과 변형

네 가지를 준비할 때 가장 중요한 건 개인적 욕심이 아니라 지금 하는 일에 대한 열정이다. 지금 하는 일을 누구보다 깔끔하게 마무리하고 네 가지를 준비해야 함을 기억하자.

1인 기업을 꿈꾼다면 지금 있는 자리에서 최선을 다해 일하자. 그리고 남은 시간에 1인 기업으로 가는 준비를 하면 된다. 지금 있는 곳에서 설렁설렁 일하고, 내 사업을 할 때 잘 하겠다는 생각은 애초에 성립이 안 됨을 기억하자.

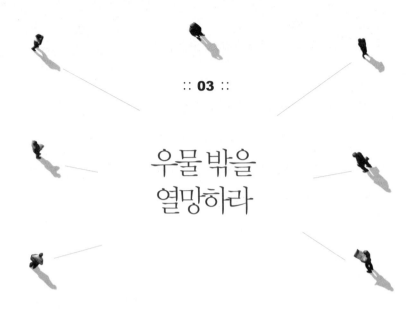

03

우물 밖을
열망하라

'보이는 건, 보이지 않는 걸 구속한다'는 말이 있다. 보이는 것이 전부라 생각하고 보이지 않는 걸 외면하는 사람은 보이는 것 때문에 창의적인 활동을 구속하고, 마음 한편에 편견을 가지고 움직인다. 이 편견이 쌓이면 창의적인 활동이나 생각을 스스로 구속하는 꼴이 된다.

1인 기업은 변화에 민감한 기업이며 창의적인 활동이 어떤 기업보다 중요하다. 1인 기업에 필요한 관점은 눈에 보이는 걸 그대로 믿기보다 건설적인 의심과 개선으로 자본을 만드는 나름의 관점이다. 이 방법을 찾기 위해 시야를 구속하면 안 된다.

부두 노동자 한 사람이 깔끔한 옷을 입고 최고급 레스토랑으로 향한다. 자연스럽게 음식을 주문하고, 기다리는 동안 부자들과 멋쩍은 눈인사를 나눈다. 그리고 격식에 맞게 식사를 한다. 식사를 마칠 때쯤 다른 손님들의 말과 행동을 지켜보며 자신이 부자가 된 것처럼 생각하고 또 상상한다. 부자들의 말과 행동을 배우고 상상하기 위해 그가 지급한 한 끼 식사비는 부두에서 힘들게 일한 일주일 치 급여였다. 동료들은 미쳤다고 하지만 그는 아까워하거나 아쉬워하지 않는다.

그러던 어느 날, 선박회사를 운영하던 그리스 재벌 코스타그레초가 그에게 호기심을 보인다.

"자네는 힘들게 번 돈을 왜 한 끼 식사에 다 투자하는가?"

"나는 부자가 되고 싶습니다. 부자들의 행동과 말을 배우고 싶어요. 세상은 부두 노동이 전부가 아님을 알고 있습니다. 그래서 제가 당장 할 수 있는 한 끼 식사를 부자들과 같은 공간에서 하는 것입니다."

그 대답에 코스타그레초는 그를 자신이 운영하는 선박회사에 취업시킨다.

훗날 그 부두 노동자는 80조 원에 달하는 재산을 남기고 세상을 떠난다. 그가 바로 그리스 선박왕 오나시스다.

오나시스는 부두 노동자 삶이 전부가 아님을 알고, 부자를 만나기 위해 기꺼이 일주일 치 급여를 투자했다. 그가 부두 노동자로 스스로 시야를 구속했다면 신화 같은 그의 삶은 없었을 것이다. 1인 기업을 생각하는 직장인이라면 오나시스처럼 시야를 구속하지 말고 관점을 넓혀야 한다.

학창 시절 무한한 호기심으로 왕성하게 활동하던 사람이 직장에만 들어가면 시야가 좁아지는 걸 종종 볼 수 있다. 개인적인 활동, 인간관계, 근무 시간 등 모든 것이 회사 중심이기 때문에 시야가 좁아진 것이다. 물론 그 안에서도 끊임없는 연구로 깊이 있는 공부를 하는 사람도 있다. 하지만 대부분이 자기 분야의 틀에 갇혀 다른 분야와 통섭을 못 하거나, 인간관계가 좁아져 '집단지성'에 접할 기회도 적어진다. 이렇게 시야가 좁아지지 않게 하는 방법은 배움을 통해 관점을 넓히는 것이다.

직장을 바꾸지 말고 일에 대한 관점을 바꾸기 위해서는 다른 관점을 주는 재료가 있어야 한다. 재료를 주는 것이 바로 배움이다. 또 1인 기업에게 배움은 최신 트렌드를 배우고 지식을 융합하기 위해 꼭 필요하다. 실력이 우선이라 하지만 자신을 가장 먼저 내보일 수 있는 건 공신력 있는 증명서이고, 이것 역시 배움을 통해 받을 수 있다. 공신력 확보는 1인 기업을 꿈꾸는 사람에게 꼭 필요한 부분이기도 하다.

　모 시민대학에서 같은 수업을 들었던 B 씨. 대기업이 직영하는 매장의 지점장이다. 실적관리와 직원관리로 바쁜데도 수요일을 제외한 나머지 시간은 퇴근 후 배움을 이어나간다. 수강생 중 B 씨가 가입을 권유해 수업을 듣는 사람도 많이 있었다. 내가 볼 때 B 씨의 권유로 수업을 듣는 사람은 B 씨의 팬인 듯했다. 결혼 전부터 배움을 시작했고, 결혼 후 육아와 집안일은 남편과 의논하여 시간을 확보했다.

　지금이야 평생교육 시스템이 잘 되어 있지만, 20년 전인 당시 직장을 다니면서 평생교육을 실현하기란 쉽지 않은 일이었다. 그러나 B 씨는 끊임없이 배웠다. 그런 어머니를 보고 자란 아이들 역시 누구나 부러워하는 대학에 입학했다. 꿈꾸는 엄마 밑에서 꿈꾸는 아이가 나온다는 사실을 다시 한 번 증명한 셈이다.

　B 씨의 끊임없는 배움은 회사를 위한 배움이 아니었다. 처음부터 자신의 삶을 위한 계획적 배움이었고, 작가의 꿈을 실현하기 위한 것이었다. 지금은 수필작가, 동화작가, 시인으로 지역사회에서 활약 중이다.

　글을 쓰다 보니 자연스럽게 보고서도 잘 작성할 수 있었고, 수필을 쓰다 보니 글의 힘을 빌려 말로 잘 표현했다. 보너스로 회사 내

진급도 빨랐다. B 씨는 직장을 바꾸지 않았고, 배움을 통해 자신의 관점을 넓혔다. 그리고 은퇴 대비를 위해 1인 기업을 준비 중이다. 그녀가 아무리 영민하고 적극적인 성격이라 해도 배움이 없었다면 지금과 같은 변화는 없었을 거로 생각한다. 지금 보이는 것이 전부라 생각하지 말고, 보이지 않는 것을 보기 위해 배움으로 관점을 넓혀야 한다.

안정된 지금, 이 자리에서 배우지 않고 있다가 어느 날 갑자기 해고되어 불안정한 상태에서 배운다면, 마음이 급해 시간에 쫓겨 제대로 배울 수 없고 배움을 테스트할 수 있는 여유도 갖지 못한다. 그러니 지금, 이 자리에서부터 배우기 시작해라.

우선 배우겠다는 마음이 생기면 끝을 보겠다는 각오로 임하자. 교육 관련 일을 하다 보니 많은 수강생을 보게 된다. 성인 교육에서는 '역시나' 하는 생각이 절로 든다. 즉 끝을 보겠다는 마음으로 배운 사람들은 무언가 다르다. '사람 만나는 재미로', '그냥 한번 들어볼까' 하는 생각이라면 한때의 취미로 끝나고 만다. 엉성한 배움으로 1인 기업을 하면 그 엉성함이 여지없이 사업에 반영되어 낭패를 볼 수 있다. 그래서 처음 배움에 임할 때 끝을 볼 것인가, 취미로 끝낼 것인가를 신중히 판단하는 것이 좋다.

명리학을 배워 철학관을 운영하는 H 씨가 있다. 철학관까지 차리는 데 15년이 걸렸다. 명리학은 1~2년을 배우면 할 수는 있지만, 남의 운명을 봐주고 결정하는 일이다 보니 오랜 시간의 배움이 필요하다.

전역 후 H 씨는 호기심으로 명리학을 공부했다. 책으로 독학할까 고민도 했지만, 분야가 분야이다 보니 눈 밝은 스승을 찾아가 배웠다. 그 스승은 돈을 갖다 준다고 해서 무조건 가르치지 않았고, 면접도 까다로웠다. H 씨의 사주팔자를 보고 태생적 자질, 한자 실력을 테스트했는데 다행히 합격했다.

그는 편의점 납품 일을 하며 5년간 배움을 유지했다. 5년 후 스승은 앞으로 2만 명 이상 명리를 봐주고 철학관을 차리라고 충고해 줬다. 이를 그대로 실천하느라 15년이 걸린 것이다. 그 사이 결혼도 했다. 회사 직급은 올라갔지만, 철학관을 준비하기 위한 임시방편이었을 뿐이다. 주말이면 공원, 시장, 행사장을 찾아다니며 명리를 봐 주었는데 돈은 딱 기름값만 받았다. 부인은 답답했지만, 남편 뜻이 완고해 참을 수밖에 없었다.

그렇게 2만 명 가까운 사람을 상대로 실력을 쌓고 철학관을 차렸다. 그의 나이 38세였다. 지금은 일반 직장인 월급을 하루에도 벌정도로 손님이 끊임없이 온다. 특히 가구의 방향을 잡아주거나, 터를 잡아줄 때는 출장비까지 포함되므로 보수가 상상을 초월한다.

내공이 있기에 고졸이라는 학벌은 문제가 되지 않았다. 그는 너무 바빠서 이젠 VIP만 상대할까 생각 중이라고 말했다.

H 씨처럼 무언가를 배울 때는 관점을 넓히는 것은 물론이고 끝을 볼 각오로 덤벼야 한다. 또한 고객을 두려운 존재로 생각한다면 제대로 배우고, 테스트해야 한다. 엉성하게 배울 거라면 차라리 취미로 끝내는 것이 좋다.

직장을 바꾸지 말고 일에 대한 관점을 바꾸자. 일에 대한 관점을 바꾸고, 지속해서 행동하게 하는 원동력은 배움이다. 배움을 통해 보이는 것에 구속되지 않고, 보이지 않는 것을 볼 수 있으며, 적절한 자극으로 강한 동기부여를 받을 수 있다. 배움으로 일에 대한 관점을 바꾸어 회사 안에 있는 1인 기업으로 활동해보자.

본업이라는 뿌리를
단단히 내려라

경험해보지 못한 일에 무작정 달려들어 그곳의 고수들과 당당히 겨룰 수 있는 사람은 없을 것이다. 직장을 바꾸지 말고 일에 대한 관점을 바꾸고, 지금 이곳에서 준비하라는 이유는 그 일을 잘 알 수 있는 시간과 테스트할 수 있는 시간을 확보할 수 있기 때문이다. 잘 알 수 있는 분야라 해서 꼭 성공한다는 보장은 없지만, 기본 지식과 가능성을 본다면 성공할 확률은 높다.

충북 음성에서 에어컨 설치와 냉동기 A/S 일을 하는 L 대표. 그의 본래 직업은 페인트공으로 10년 차가 넘는 베테랑이었다. 어느 날 몸이 아파 페인트 일을 그만두고 요양을 시작했다. 요양하면서 손 기술을 활용해 시간상으로 여유 있는 일을 찾기 시작했는데, 마침 주변 이웃이 정부 지원을 받아 고추 말리는 기계를 설치하고 있었다.

기계를 보니 그 안에 냉동기가 있었는데, 이것이 고장 나면 누군가 수리해야 한다는 생각이 들었다. 고추를 말리다가 고장이 났을 때 가까이에 기술자가 있다면 당연히 가까이에 있는 기술자를 부를 것이다. 그래야 기계를 멈추는 시간이 짧아질 테니 말이다. 그는 '이거다'를 외치고 곧바로 행동에 들어갔다.

우선 냉동 관련 기술을 가르쳐주는 직업학교에서 국비환급 과정으로 공부를 시작했다. 나이 어린 친구들과 공부하며 약간 늦은 감이 있다는 생각도 들었지만, 애초에 자기 일을 하기 위해 시작한 배움이라 조급해하지 않고 꾸준히 기술을 익혀나갔다.

자격증 취득에 성공하자 당장 자기 일을 싶은 유혹이 들었다. 그런데 직업학교에서 배운 지식만 가지고는 고수들과 겨루기에 턱없이 부족했다. 그래서 식품회사에 취업했다. 그가 맡은 업무는 냉동기기 수리와 관리였다.

회사에 취업한 순간부터 본업을 중심으로 영역을 확장해나갔다. 단순한 수리는 본인이 할 수 있었지만, 복잡한 수리는 외부 업체를 불러야 했다. 보통은 수리 업체를 부르면 관리자는 멀리서 작업하는 걸 지켜보거나 결과만 확인한다. 하지만 L 대표는 달랐다. 보조 역할을 자처해 일을 도와주었다. 주변 동료들은 그렇게 할 필요까 지 있느냐며 핀잔을 주었지만 개의치 않았고, 새로운 기술을 배울 때마다 쾌재를 불렀다.

그는 여기서 한 발 더 나아갔다. 갑의 입장에서 외부 업체한테 대 접을 받는 게 관례가 되어 있다시피 했지만, 그는 거꾸로 먼저 술 을 사주면서 이론으로 알 수 없는 기술들을 배워나갔다. 알뜰히 기 술을 익히고, 회사 월급을 조금씩 모아 중고 트럭과 여러 가지 장 비를 구입했다. 이젠 자기 사업을 할 수 있는 조건을 갖추었지만, 급하게 생각하지 않고 1년간 주변 이웃들의 기계를 고쳐주며 충분 한 검증 기간을 거쳤다. 이후 4년간의 직장생활을 마무리했고, 정 식 사업등록을 마치고 1인 기업으로 안착했다.

L 대표가 지나온 일련의 과정을 보면 궁극의 목표를 설정하고, 한눈팔지 않고 꾸준히 노력했음을 누구라도 알 수 있다. 그 덕분에 그는 탄탄하게 자리를 잡을 수 있었다. 본업(회사 일)을 중심으로 활동하되 자신의 영역을 차츰 늘려 시야를 넓히고, 손 기술을 발전 시켰다. 또 같은 분야의 사람들과 꾸준히 관계를 형성하여 조언을 구했다.

직장 안에서 1인 기업을 한다면 본업을 중심으로 1인 기업의 영역을 넓힐 수 있다. 더욱이 직장에서 넓힌 영역은 실전에서 더 폭넓은 기회를 제공한다. 직장에서 본업의 영역을 넓히는 방법을 찾아보자.

또 다른 경우도 있다. 본업의 불만을 찾아 1인 기업으로 나아가는 경우다. 본업에 임하면서 평소 가지고 있던 불만을 불만으로 끝내는 것이 아니라 1인 기업 영역으로 확장한 것이다.

인터넷에 사진과 이미지를 판매하는 셔터스톡이 2012년 10월 뉴욕증권거래소에 상장되면서 창업주 오린저는 뉴욕 창업연구단지인 실리콘앨리(silicon alley)가 배출한 첫 억만장자가 되었다.

처음 오린저는 인터넷 팝업 차단 프로그램을 만들었다. 귀찮게 뜨는 팝업을 막아주는 프로그램은 반응이 좋았지만, 마이크로소프트가 익스플로러에 팝업 차단 기능을 무료로 제공하면서 그의 사업은 망하고 말았다.

오린저는 좌절하지 않고 다른 사업을 찾는데, 우연히 소프트웨어 홍보 메일을 보게 된다. 글만 있는 지루한 메일이 어떻게 홍보 메일인지 불만을 가지기 시작해 멋진 사진을 넣으면 어떨까 고민하기 시작했다. 인터넷에서 자신이 원하는 이미지를 찾았지만 없었다.

오린저는 없는 것을 불만으로 끝내지 않고 사업으로 변모시켰다. 처음엔 자신이 직접 찍은 사진을 자신의 홈페이지에서 판매했다. 사진 찍는 기술은 부족해도, 그가 찍은 사진들은 평범한 것이 아니었다. 사진이 쌓이면서 그의 사진을 찾는 사람이 많아졌다.

고객의 수요를 감당하기 어렵게 될 즈음, 직접 찍을 것이 아니라 옥션이나 이베이처럼 이미지를 판매하고 싶은 사람과 사고 싶은 사람들이 서로 거래할 수 있는 공간을 만드는 건 어떨까 하는 발상에 이르렀다. 그래서 만든 것이 셔터스톡이다.

여기에 불만을 활용해 한 번 더 사업 성장의 발판을 마련한다. 보통 이미지를 판매하는 업체는 한 장당 가격을 부여하지만, 오린저는 매월 일정한 가격으로 최대 750개의 이미지를 내려받을 수 있는 '구독형' 모델로 판매를 시작했다. 이와 같은 판매 방식은 '서브스크립션 커머스'라 불린다. 파일 공유 사이트는 물론 양말, 와이셔츠, 화장품처럼 매월 일정 금액을 내면 정기적으로 배달해주는 방식과 같다. 이 판매 방식이 낱개를 구매하는 것보다 훨씬 저렴하므로 고객들에게 인기를 얻게 되었다. 소프트웨어라는 본업에서의 불만을 바탕으로 오린저는 억만장자 반열에 올랐다.

본업에서 부딪히는 불만을 불평으로 끝내지 말고, 개선할 방법을 생각해보자. 그 아이디어가 있다면 1인 기업 영역으로 확장할 수 있다.

직장을 바꾸지 말고 일에 대한 관점을 바꾸면 본업을 중심으로 한 1인 기업 영역을 확장할 수 있다. 직장을 경제적 VIP로 본다면 1인 기업으로 확장할 수 있는 혜안이 생길 것이다. 혜안으로 끝내지 말고 실천을 더해 1인 기업으로 변모해라.

05

심리적 독립을
유지하라

"회식을 안 가고 싶은데 그랬다가는 찍힐까 봐 걱정입니다. 또 진급 관련 고급 정보가 회식 자리에서 흘러나오니, 가족에겐 미안하지만 어쩔 수 없이 회식을 갑니다."

"개인적으로 모임이 많습니다. 만약에 생길 수 있는 집안 경조사나 도움받을 일이 있으면 필요한 게 결국 사람이잖아요. 그래서 자기계발 시간이 부족하네요."

시간이 없다고 말하는 사람들의 이야기를 들어보면 인간관계 때문에 시간을 많이 빼앗긴다는 사실을 알 수 있다.

사람이 재산이고 사람이 모든 일을 한다고는 하지만, 인맥 만든다고 이리저리 정신없이 다니는 사람을 볼 때마다 정작 인맥의 본질을 놓치고 있다는 생각이 든다. 인맥의 본질은 기브앤테이크(give and take)다. 즉 내가 무언가 갖고 있어야 상대도 나에게 주는 것이다. 인맥의 중요성을 알고 있다면 내가 줄 수 있는 '그 무엇'이 있는지 점검하는 게 우선이라 말하고 싶다. 여기서 '그 무엇'은 금전이 될 수 있고, 한 분야의 정보가 될 수도 있으며 기술이나 정(情)이 될 수도 있다. 이리저리 뛰기보다 '그 무엇'을 먼저 점검해보자.

사람은 고도의 사회적 동물이다. 생존을 위해 어쩔 수 없이 서로에게 의존하며 살아간다. 전문가들의 견해에 따르면 개인주의가 탄생한 건 17세기 르네상스 시대라고 한다. 호모사피엔스나 호모 에렉투스 같이 초기 인류역사를 생각한다면, 인간에게 개인주의가 시작된 건 극히 짧은 시간이다. 그런 태생적 특성 때문에 사람은 몰려다니길 좋아하며, 몰려다녔기 때문에 인간이라는 종이 오늘날과 같이 번영할 수 있었다.

조직 안에서 1인 기업을 선포했다고 해도 사람의 태생적 특성과 조직의 역학을 이해한다면 사람으로부터 결코 자유로울 수 없다. 여기에 조직의 기준이나 규율 안에서 분주히 일하다 보면 점점 '나'란 존재는 희미해지고, 조직이 부여해준 명함 속 직함과 자신을 동일시하기 시작한다. 더 나아가 조직이 발전할 때 나도 같이 발전하고 있다는 착각에 빠지기 쉽다.

1인 기업은 각자에게 부여된 개성과 천직을 상품화해서 활동하는 사람이다. 조직 안에 있는 1인 기업은 개성과 천직을 유지해야 하고, 독립된 1인 기업이 되기 위해선 의식적이고 의도적으로 조직과 심리적 독립을 하기 위해 노력해야 한다. 즉 몸은 조직 안에 있지만, 심리는 독립을 유지해야 한다는 뜻이다.

조직에 있는 1인 기업은 조직생활을 하면서도 조직과 자신을 일치시키지 않는 사람이다. 조직에 몸은 담고 있지만 독립된 개인으로서 정신적 자각을 위해 의식적인 노력을 한다. 1인 기업은 조직과 그 사이에는 분명한 심리적, 정신적 간극이 존재함을 인정하고 혼자 갈 수 있다는 생각을 늘 염두에 둔다. 조직의 발전을 개인의 발전으로 생각하지 않고, 조직이 부여한 직함에서 언제든지 떠날 수 있다는 생각으로 적절한 긴장감을 유지하기 위해 노력을 게을리하지 않는다. 조직 속에 있으면서도 휩쓸리지 않고, 인맥을 찾아 여기저기 정신없이 쫓아다니기보다 내가 줄 수 있는 '그 무엇'을 갖추기 위해 노력하는 사람이야말로 1인 기업이 될 자격을 갖춘 사람이다.

지금 이 책을 읽고 있는 당신은 어떠한가? 조직과 나 사이에 일정한 긴장관계를 유지하고 있는가? 아니면 나도 모르는 사이 조직

속에 묻혀 조직과 나를 일치시키고 있는가?

1인 기업 상담을 할 때 많은 사람이 근무 시간과 우리나라 정(情) 문화 탓에 심리적 독립을 유지하기가 어렵다고 말한다. 맞는 말이다. OECD 국가 중 최고를 자랑하는 근무 시간과 조직원들 간에 동고동락한 정을 생각한다면 심리적 독립을 유지하기는 어려운 일이다. 하지만 1인 기업은 조직에서 일하는 것은 중요한 일 가운데 하나일 뿐이라고 생각한다. 다시 말해 회사는 자기 일상 가운데 아주 중요한 부분이지만 전부는 아니라는 의도적인 마음을 가지고 일하는 사람이다.

최근에 강의 준비를 위해 열흘 정도 도서관에 파묻혀 작업한 적이 있었다. 평일 저녁 6시만 되면 50대로 보이는 남성이 매일 같은 자리에 앉아 두꺼운 책과 씨름하다 저녁 10시면 나가는 모습을 목격했다. 검게 탄 피부, 책가방 겸 옷가방 같은 투박한 가방 하나. 직감적으로 야외 현장에서 일하는 사람이라 생각했다. 하루는 그가 공부하는 책의 제목을 보니 '소방 기술사'였다.

기술사 시험은 한국산업인력공단 기술사 자격증 시험 중 그 분야에 오랜 경력을 가진 사람만 응시할 수 있으며, 시험의 난이도가 높아 '기술고시'라 불린다. 시험이 어렵지만 그만큼 사회적 명성이 있고, 혜택이 많기 때문에 많은 기술인이 취득하고 싶어 하는 자격증이기도 하다. 무례를 범한다고 생각했지만, 정중히 말을 걸어 휴게실에서 대화를 나눌 수 있었다.

그의 직업은 소방시설 설치 업체 현장 감독자로, 곧 있을 기술사 자격증 시험을 준비하고 있었다. 시험 준비를 위해 2년 가까이 6시부터 10시까지 매일 공부하는 중이며 두 번 떨어져 이번에 세 번째 도전이라 했다. 시험 준비를 위해 한 달에 한 번 있는 회식을 제외하고는 도서관에 온다고 했다. 단 주말에는 기초체력 유지를 위해 등산을 다니고, 꼭 필요한 경조사만 간다고 시간 관리 비법을 말해주었다. 현장 감독자 특성상 영업 술자리가 많지만 건강을 핑계로 안 가고, 그렇게 확보한 하루 네 시간을 온전히 시험 준비에 쓰고 있다고 한다. 직장 동료들 중엔 사람이 변했다며 서운해하는 사람도 있다고 한다. 그렇지만 동료들이 자신의 미래를 책임져줄 건 아니잖냐며, 자신이 기술사 자격증을 취득하고 나면 고급 정보를 얻기 위해 자기 발로 찾아올 거라 확신한다고 했다.

심리적 독립을 유지한다는 건 이와 같은 것이다. 조직생활은 본인 삶에 중요한 부분이지만 전부는 아니다. 개인적인 목표를 위해 조직생활에서는 '일'에만 집중하고 나머지 시간은 자신의 목표에 집중하는 독립 말이다.

조직은 이익을 위해 일하는 곳이다. 하지만 많은 사람이 일 외적인 부분에 많은 시간을 할애해가며 조직과 자신을 동일시한다. 일 외적인 부분에 시간을 할애할수록 조직에서 해야 할 일을 잘 하지 못하는 경우가 태반이다. 그것을 잘 보여주는 것이 근무 시간 대비 생산성이다.

OECD 34개국 중 대한민국은 근무 시간이 많은 나라 2위로 2,163시간을 나타냈다(1위는 멕시코로 2,226시간). 반면 노동생산성 은 34개국 중 29위로 매우 낮다. 특히 제조업 분야는 근무 시간 대비 생산성이 꼴찌에 가깝다.

꼭 오랜 시간 회사에 있다고 일을 잘 하는 것은 아니다. 심리적 독립을 유지하기 위해 이 부분을 잘 생각해보자. 집중력 있게 일하고, 나머지 시간은 조직과 심리적으로 거리를 두어 시간을 확보해야 한다.

거듭 말하지만, 조직과 심리적으로 독립하는 건 결코 쉬운 일이 아니다. 그러나 부단히 자신의 길을 찾아가는 실행, 조직과 나의 분명한 구분을 둘 수 있는 용기와 행동이 필요하다. 이것이 바로 조직원과 1인 기업의 경계다. 이 경계는 한평생을 조직의 구성요소로만 머무는 삶을 당연하게 여기느냐, 아니면 언제 어디서든 자기 길을 가겠다고 노력하느냐에 따라 분명해짐을 기억해야 한다.

인맥을 찾아 정신없이 이리저리 쫓아다니기보다 자신의 '그 무엇'을 개발하고, 조직이 부여해준 명함을 자의건 타의건 언제든지 버릴 수 있으며, 조직의 발전이 나의 발전이라는 함정에 빠지지 않도록 항상 정신적 독립을 유지하자. 그렇게 할 때 일반 조직원에서 조직 안의 1인 기업으로 진화할 수 있다.

2단계 TIP | 직장이 아니라 일에 대한 관점을 바꿔라

| 관련 사이트 |
- 한국산업인력공단(국가공인 자격 정보) http://www.q-net.or.kr
- 한국직업능력개발원(민간 자격 정보) http://www.pqi.or.kr

| 관련 저서 |
- 《왜 일하는가》, 이나모리 가즈오, 서돌
- 《일: 나는 지금 무엇을 위해 일하는가》, 기타오 요시타카, 중앙북스
- 《일하지 말고 플레이하라》, 존 윌리엄스, 사람in
- 《임원의 조건》, 조관일, 21세기북스
- 《사업의 마음가짐》, 마쓰시타 고노스케, 청림출판
- 《관점을 디자인하라》, 박용후, 프롬북스
- 《나는 언제까지 회사를 다닐 수 있을까》, 민도식, 북포스

최소수입을 창출하며
시뮬레이션하라

:: **01** ::

야근 쇼부터
접자

천직을 발견하고 일에 대한 관점을 바꾸는 단계가 생각을 재정립하는 작업이었다면, 이젠 실행해야 하는 단계다. 이론만 가득하고 실천하지 않는다면 바뀌는 건 없다. 1인 기업으로 가는 실행 단계에서 중요한 건 시간 확보다. 시간을 확보해야 최소수입을 창출하는 과정으로 넘어갈 수 있다.

시간은 묘한 구석이 있다. 누구에게나 주어지지만 활용하는 방법은 다 다르다. 같은 환경과 같은 지식이 있어도 시간을 어떻게 활용하느냐에 따라 결과는 천차만별이다. 모 TV 채널에서 전직 대통령 경호실 이야기가 방송을 탔다. 고 김대중 대통령 경호를 맡았던 배성실 팀장은 김대중 대통령을 "시간을 참으로 맛깔나게 쓰는 대통령"이라 말했다. 시간을 맛깔나게 사용했기에 상상을 초월하는 독서로 대통령까지 올라가지 않았나 생각한다. 그만큼 시간 활용은 운명을 통째로 바꾼다.

운명의 패를 뒤집고 싶은 사람이라면 시간을 맛깔나게 사용하는 나름의 노하우가 있어야 한다. 특히 직장 속 1인 기업은 시간을 잘 활용해야 실행 단계로 넘어갈 행동력과 용기를 얻을 수 있다. 그래서 직장 속 1인 기업에게 시간 확보는 무엇보다 중요하며, 일하는 시간을 제외하고 가장 많은 시간을 쓰는 '야근'을 다시 생각해볼 것을 주문한다.

2014년 직장인 1,000명을 대상으로 야근의 현황과 인식을 조사했다. 조사에서 직장인 열 명 중 일곱 명이 주 2회 이상 야근한다고 답했다. 야근을 하는 이유로는 기본적인 업무(37%)라는 답이 가장 많았고, 2위는 야근을 안 하면 일하지 않는다고 생각하는 회사 분위기 때문(20.8%)이라는 답이었다. 기본적인 업무 때문에 야근을 한다고 하지만 자발적인 야근보다 상사의 지시 때문에 야근을 한다는 답이 훨씬 앞선다. 야근이 업무 효율에 미치는 영향력에 대한 질문에는 업무 효율을 떨어뜨린다는 답이 74.1%였고, 업무 효율에 도움이 된다는 답은 5.5%밖에 되지 않았다.

이런 통계까지 들여다보지 않더라도 어쩔 수 없이 야근을 해야 하는 직장인 이야기를 쉽게 들을 수 있다. 가까운 지인 얘기에 의하면, 회사가 위기 경영을 전 사원과 공유할 수 있게 30분 더 일찍 출근하고 30분 더 늦게 퇴근하라는 지시를 내렸다고 한다. 팀장급은 야근으로 직접 모범을 보이라는 지시도 떨어졌다. 그 지인은 덧붙이기를 첫날부터 가관이었다고 한다. 출근이야 어쩔 수 없이 30분 일찍 하지만, 6시부터는 볼 만했다는 것이다. 직급이나 근무연수와 상관없이 전 직원이 가방을 미리 챙겨두고, 30분간 포털 사이트 뉴스를 보거나 별다른 일 없이 시간만 보냈다고 한다. 지인이 볼 때 일하는 직원은 없었다. 더욱이 6시 30분 칼퇴근은 눈치가 보이니 6시 45분부터 한두 직원이 퇴근하기 시작했고 팀장들도 7시까지 포털 사이트를 뒤적거리다 대부분 눈치껏 퇴근을 했다고 한다. 그럴 거면 정시에 퇴근시켜 가정에 충실하게 하거나 자기계발을 하도록 해주는 게 회사에 더 이익 아니냐며 혀를 끌끌 찼다.

지인 이야기 말고도 우리나라의 야근 문화를 너무나 잘 보여주는 사례가 뉴스에 나왔다.

"빨리 집에 가서 가족과 함께하세요."

"10분 후 소등할 예정이니 퇴근해주시기 바랍니다."

방송이 나오자 직원들이 바쁘게 짐을 싸고 퇴근 준비를 시작했다.

모 기관에서 야근을 없애기 위한 운동으로 사무실 등을 끈다는 경고방송이었다. 이 뉴스를 보고 야근을 당연히 생각하는 문화가 얼마나 뿌리 깊은지를 떠올렸다.

밀린 업무 때문에 어쩔 수 없는 경우라면, 경제적 VIP를 위해 기꺼이 해야 한다. 하지만 연극배우도 아닌데 야근 쇼를 하는 건 아닌지 생각해볼 일이다.

가게를 늦게까지 연다고 손님이 구름떼같이 몰려오지는 않는다. 이와 마찬가지로 야근을 한다 해서 무조건 일 잘하고 능률이 높다고 말할 수 있을까? 더욱이 정보통신산업이 성숙기로 접어들면서 상상력과 창의력이 미래 산업의 동력이라 말하는 이때, 야근이 상상력과 창의력을 더 발휘하게 해줄지는 진지하게 고민해볼 일이다.

직장 속 1인 기업이라면 최소수입을 창출하는 시간을 확보하기 위해 야근에 대한 생각을 재정립해야 한다. 업무가 있다면 야근은 하자. 하루 24시간 언제 어디서든 일해야 하는 1인 기업에게 꼭 필요한 마인드다. 하지만 야근 쇼를 하지 말고, 그 시간에 1인 기업의 실행 단계인 최소수입 창출을 고민하자.

야근을 다음과 같이 재정립하면 시간을 확보할 수 있다.

1. 야근하지 않겠다는 마음으로 업무에 임한다

애초부터 야근해야 한다고 마음먹으면 야근을 할 수밖에 없다. 어차피 야근할 것 업무 시간에 무엇하러 집중해서 일하겠는가? 티타임도 더 많이 갖고, SNS도 한 번 더 확인하지. 그래선 안 된다. 집중력을 높이기 위해 업무를 시작할 때 야근을 하지 않겠다는 마음으로 임하자.

2. 업무에 우선순위를 매기고 실행한다

업무가 반복되다 보면 업무 우선순위를 잊을 때가 있다. 업무 시작 전 우선순위를 기록해 하나씩 지워나가면 중요하고 급한 업무를 끝내는 데 도움이 된다. 나는 1인 기업을 위해 최소수입을 창출하던 직장인 시절, 아침마다 중요한 업무를 포스트잇에 기록하고 모니터에 붙여두었다. 업무가 끝나면 포스트잇을 제거하는 방식으로 일했는데, 포스트잇을 제거하는 재미가 붙자 일 처리 속도가 빨라져 퇴근 후 최소수입 창출에 더 적극적으로 나설 수 있었다.

3. 기꺼이 위임하고, 기꺼이 거절한다

굳이 오지랖을 발휘할 필요가 없다. 조직은 혼자 일하는 곳이 아니다. 자기 역할이 있다. 시간의 중요성을 안다면 정당하게 일을 위임하고, 내 일이 아니면 거절할 줄도 알아야 한다.

야근은 어찌 보면 습관일지 모른다. 야근을 줄이려고 노력한다면 1인 기업의 첫 실행 단계인 최소수입 창출을 실천할 수 있다. 상사보다 먼저 퇴근할 때면 눈치도 보이겠지만 하다 보면 극복되고 괜찮아진다. 오히려 야근 없이 집중력을 발휘해 업무에서 성과를 내고 자신의 삶을 즐긴다면 상사도 좋아하지 않을까?

야근과 상사라는 관계에 대해 광고 제작자 박웅현 씨의 말로 마무리하고 싶다.

"죽을 때 누가 옆에 있는가가 중요한 거예요. 팀장이 옆에 있을 건가요? 죽을 때 옆에 있을 사람들을 존중해줘야죠."

마지막에 남을 가족을 위해, 삶의 후회를 최소화하기 위해 야근 쇼를 접자. 그리고 1인 기업으로 가는 첫 실행 단계, 최소수입 창출을 위한 시간을 확보하자.

02

투잡이 아니라
시뮬레이션이다

1인 기업은 하고 싶은 일을 한다는 매력이 있지만, 수입으로 연결되지 않는다면 아무 소용이 없다. 이 책을 읽고 있는 사람이라면, 고객의 지갑은 쉽게 열리지 않는다는 사실을 잘 알 것이다.

대면 상담을 하거나 상담 메일을 받을 때, 특별한 콘텐츠나 아이템으로 지금 당장 1인 기업을 해야겠다는 사람이 더러 있다. 안정된 자리를 박차고 나와 내 길을 가고자 하는 기백은 꼭 필요하다. 그렇지만 만약 그 기막힌 아이템을 대하고도 고객이 지갑을 열지 않는다면 결과는 뻔하지 않을까?

1인 기업을 선포하기 전 안정된 지금 이곳에서, 콘텐츠나 아이템을 고객 앞에 시뮬레이션해봐야 한다. 시뮬레이션하는 방법은 바로 단돈 몇만 원이라도 최소수입을 창출해보는 것이다. 이 부분을 설명하면 많은 사람이 이상하리만큼 즉시 투잡을 떠올린다.

투잡과 최소수입 창출은 엄연히 구분된다. 투잡을 하는 궁극적인 이유는 수입 창출이지만 최소수입 창출은 1인 기업으로 가기 전 고객의 지갑을 열 수 있는지를 확인하는 시뮬레이션이다. 그런데도 최소수입 창출 이야기를 하면 많은 사람, 특히 직장인들은 힘든 이야기라며 고개를 흔든다. 투잡이 아닌데도 말이다.

이런 거부반응은 두 가지 일을 동시에 하면 자연히 한 가지 일에 불성실해지기 마련이라는 편견이 있기 때문이다. 당사자도 그렇지만 조직은 그 편견이 더욱 심하다. 그래서 시뮬레이션 과정에서 많은 예비 1인 기업이 조직에는 그 사실을 알리지 않는다. 만약 탄로 나면 "쉬라고 시간 줬더니 딴짓하고 있군. 그래? 오늘부터 제대로 해보자!"라고 나올지도 모른다는 생각에 불이익이 걱정되어서다.

업무가 미진한 상태에서 1인 기업 시뮬레이션을 한다면 비난받아 마땅하다. 하지만 현재 업무를 끝내고 엄연히 개인적인 시간을 활용해서 하는 최소수입 창출은 당당한 일이다. 시간을 파는 직장인이 아니라 가치를 파는 1인 기업이라면 개인 시간을 떳떳하게 활용할 수 있다.

혹자는 최소수입 창출 과정에서 지금 하고 있는 업무에 불성실

할 것이 뻔하다고 지레 짐작하고 말릴 수도 있다. 그렇다면 퇴근 후 음주나 레저 활동, 주말 여행 등도 모두 불성실의 원인이라고 말할 수 있을까?

최소수입 창출 과정은 자기절제와 자기관리를 요구한다. 퇴근 후 새벽 두세 시까지 음주로 시간을 보내는 사람보다 최소수입 창출 과정에 있는 사람이 훨씬 건전하고, 퇴근 후 쌓은 능력을 회사 내에서도 발휘할 수 있어 오히려 이익이다. 최소수입 창출 과정은 투잡이 아니다. 스스로 시험하고, 시장에서 검증하는 과정임을 기억하자.

최소수입 창출 기회를 어떻게 가질 것인가? 앞에서 말했듯 '1인 기업이 무엇이다'라고 규정하긴 힘들지만, 지금 보편화된 1인 기업의 콘텐츠나 아이템은 크게 다섯 가지로 구분된다. 이들은 모두 다른 방법으로 최소수입을 창출할 기회를 가진다.

1. 컨설팅

두 가지 방법이 있다. 직접 고객을 모으는 방법과 컨설팅 업체에 등록하는 방법이다. 직접 고객을 모으기 위해선 SNS가 구축되어 있어야 한다. 또한 컨설팅받는 분야가 고객이 돈을 낼 만한 것인지 심사숙고해야 한다. 컨설팅의 경우는 구체적인 성과를 내기까지 시간이 걸린다. 동기부여, 연애 기법, 스피치 스킬 등 추상적인 부분도 컨설팅에 속하므로 확실한 도움을 줄 수 있는지 생각하자.

또 컨설팅 업체에 등록하기 위해선 업체 기준에 맞는 기본 소양을 갖추고, 등록 업체에서 정당한 대가를 받을 수 있도록 계약서를 사전에 철저히 확인할 필요가 있다.

2. 기술 분야

여기서 말하는 기술 분야는 IT와 기계 분야를 제외한 핸드메이드, 미용, 뷰티 등을 말한다. 개인 블로그, 카페, 11번가, 옥션을 활용한 직거래 방식으로 수입 창출이 가능하며 각종 대회에 출품하는 것도 하나의 방법이다. 직접 사람을 모아 장소를 빌려 강의할 수 있으며, 일정한 조건이 된다면 평생교육원이나 문화센터 등에서 야간 또는 주말에 강의를 나가 최소수입을 창출할 수 있다.

3. IT, 기계 분야

IT나 기계 분야는 고도의 기술력을 가지고 있어야 한다. 그만큼 찾는 고객도 한정되어 있지만, 수입 면에서는 어느 분야보다 유리하다.

IT의 경우 제작, 관리로 수입을 창출할 수 있다. 홈페이지, 블로그, 카페, PPT, CAD(설계), 그래픽 등 제작으로 수입을 창출할 수 있다. 다만, 관리 대행은 지속적인 시간을 투자해야 하므로 직장 속 1인 기업에는 적합하지 않다. 또 IT는 어느 1인 기업보다 SNS 환경, 즉 온라인 평판에 민감해야 한다는 점을 명심하자.

기계 분야는 단순한 이론만 가지고는 최소수입 창출을 하지 못한다. 기계를 수리하거나 점검하는 등 직접적인 활동을 통해 최소수입을 창출하기 때문이다. 물론 대가는 전문 업체보다 훨씬 낮지만 경험한다는 마음으로 직접적인 활동을 한다.

4. 교육 분야

꼭 전문가가 아니더라도 남들보다 조금 더 알고 있다면 교육 분야로 최소수입을 창출할 수 있다. 교육 분야로 수입을 창출하는 방법은 이미 성숙기로 가고 있으며, 누가 얼마나 더 빠르게 트렌드에 맞는 교육을 시작하느냐가 중요시되고 있다. 한편으로는 성숙기로 가고 있기 때문에 초보자들도 쉽게 수입을 창출할 수 있다는 장점이 있다. 교육 중개 사이트 등록, 교육기관 직접 홍보, 전문기관 양성 과정 수료 후 파견 등 자신에게 맞는 방법을 찾아보자.

5. 요리 분야

몇 년 전만 해도 요리는 6대 분야, 즉 한식, 중식, 일식, 양식, 복어, 제빵으로 한정되었다. 하지만 최근에는 지도자 양성이나 치유,

디자인, 재료, 교육 등으로 분야가 폭발적으로 확대되어 1인 기업으로 바꿀 기회 또한 늘어났다. 요리 분야로 수입을 창출하는 방법은 아르바이트 형식의 경험과 인터넷 또는 오프라인 직접 판매가 있다.

다섯 가지 분야로 한정했지만 1인 기업은 무궁무진하다는 사실을 기억하자. 다만 최소수입 창출은 두 가지 범주, 즉 직접수입 창출, 간접수입 창출로 볼 수 있다. 본인의 시간과 체력, 환경을 고려해 선택하면 된다.

최소수입 창출은 미래를 위한 투자다. 하지만 지금 하는 일에 방해가 되어선 안 된다. 스스로 떳떳해질 수 있도록 본업을 제대로 마무리하고 최소수입 창출에 도전하자. 또한 가족의 지지가 있어야 한다. 본업과 병행하기 때문에 가족에게 소원해질 수 있으니, 최소수입 창출 전에 가족과 충분한 협의로 지지와 응원을 받자.

고객은 쉽게 지갑을 열지 않는다. 철저한 검증이 이뤄진 상품이어야 하며 자기 확신과 이익이 있어야 지갑을 연다. 여기서 검증 단계가 최소수입 창출이다. 최소수입 창출은 수입을 위한 투잡이 아니다. 내가 좋아하는 일을 돈으로 바꿀 수 있는지 확인하는 단계다.

확실한 시뮬레이션을 통한 최소수입 창출로 1인 기업의 가능성을 열어보자.

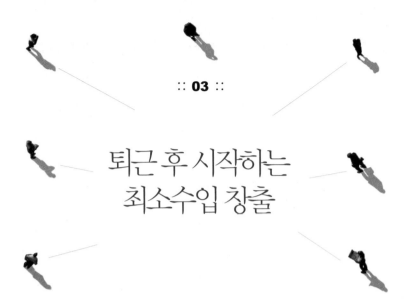

03

퇴근 후 시작하는
최소수입 창출

"토요일은 물론 화요일, 목요일은 술을 먹어야 해. 그래야 버틸 힘이 나더라."

"여름휴가철이면 바다는 꼭 가야 하는 거 아니야?"

"퇴근 후에는 원래 막장 드라마 보며 쉬는 거야."

어느 법에도 명시되지 않았는데 '~는 ~해야 한다'를 공식처럼 알고 행동하는 일들이 우리에겐 너무나 많다. 공식 같은 행동들이 모여 습관으로 굳어져 자기도 모르게 반사적으로 나올 때가 있다. 좋은 습관이면 상관없지만, 좋지 않은 습관이면 실수를 부르거나 다른 사람에게 상처를 준다.

1인 기업은 남들이 공식처럼 행동하는 습관에 의문을 갖고 자기 절제와 자기계발로 원하는 일을 한다.

"7년간 단 하루도 휴가를 안 준 저에게 2주간의 휴가를 주었습니다."

대표 1인 기업 휴먼컴퍼니의 김창옥 대표가 모 TV 프로그램에 나와 했던 말이다. 1인 기업은 남들처럼 '휴가는 1년에 한 번씩은 가야 한다'와 같은 생각을 하지 않는다. 그런 기준 자체를 다른 사람이 정하는 게 아니라 스스로 정하기 때문이다.

이처럼 직장인과 1인 기업을 가르는 중요한 요소 중 하나가 바로 기준 확립이다. 특히 시간의 기준을 정할 때 다른 사람과 확연한 차이를 느낄 수 있다. 1인 기업으로 가는 단계 중 세 번째 단계인 최소수입 창출에서 활용할 수 있는 시간은 주말과 퇴근 후다. 여기서 '퇴근 후 시간'을 확보해보자.

체력과 집중력을 다해 열심히 일한 후에는 충분히 쉬어야만 다음 날 활기차게 일할 수 있다. 당연한 말이다. 쉬어야 체력과 집중력을 보충할 수 있기 때문이다. 하지만 퇴근 후에는 무조건 쉬고, 생산적인 활동을 멈추겠다는 생각과 행동에는 의문을 가질 필요가 있다.

'일(日)', 즉 하루라는 개념이 시작된 건 달력을 개발해 사용하면서부터다. 사람들은 편의상 서로 간의 약속으로 정한 '일(日)' 개념에 오랫동안 익숙해졌다. 또 자정(0시)이라는 개념은 1925년 국제 협정에 따라 만든 것이다. 자정이라는 개념이 생기자 저녁 시간을 하루를 마무리하는 시간으로 보기 시작하면서 노동환경은 물론 사회적, 문화적으로도 저녁은 하루를 마무리하는 것이라는 공식이 굳어졌다. 하지만 1인 기업은 하루를 마무리하는 저녁 시간, 즉 퇴근 시간을 마무리가 아닌 또 다른 시작의 개념으로 생각할 필요가 있다.

특히 최소수입 창출을 위해 퇴근 후 시간을 재정립하는 것은 꼭 필요하다. 퇴근 후를 생산적인 활동을 멈추는 시간이 아닌 또 다른 시작을 위한 시간으로 바꿀 필요가 있다.

최고급 관상용 금붕어만 키워 판매하는 M 농장 J 대표. 그의 직업은 농기계를 생산하는 회사의 대리다. 중국 유학 시절, 중국어를 배우는 사람끼리 공동 대화 주제로 금붕어를 선정해 키우기 시작해서 지금은 대한민국 대표 관상용 금붕어 사육사로도 활동 중이다. 금붕어 사육을 통해 월급만큼은 아니지만 일정한 수입을 창출하고 있다. 그는 "금붕어 판매로 월급의 70%를 번다면 전적으로 금붕어 사육에만 전념하겠다"고 인터뷰에서 말했다.

흔한 금붕어가 아닌 최고급 금붕어를 사육하기 위해선 손이 많이 간다. 청소는 기본이며 매일 물을 갈아주고, 먹이도 정해진 시간에 줘야 한다. 그래서 야근이 없는 한 J 대표는 곧장 집으로 간다. 보편적으로 스물아홉 살 미혼 남자에게 어울리는 동료들과의 맥주 한잔이나 볼링 게임을 거부하고 가는 퇴근길이다. 때에 따라 회식을 거부할 때는 눈치를 보지만 아빠를 기다리는 금붕어를 생각하면 어쩔 수 없는 선택이다.

집에 도착하면 또 다른 일이 시작된다. 베란다에 있는 대야의 물을 갈아주고, 사육에 필요한 기기들을 점검한다. 먹이 주는 방식과 산소투여 방식에 따라 금붕어의 모양이 달라지기 때문에, 금붕어들을 세세히 관찰하며 더 고급스러운 금붕어를 만들기 위해 이론 공부까지 한다. 이런 작업을 하다 보면 세 시간이 훌쩍 지나간다.

동호회 카페에 금붕어 사진을 올려놓고 판매하는 방식으로 수입을 창출한다. 최근에는 SNS 마케팅을 활용하기 위해 주말 시간을 짜내서 블로그, 카페 마케팅 기법을 배우고 있다. 그는 한마디로 '낮에는 대리, 밤에는 대표'의 삶을 살고 있다.

최소수입 창출 과정을 철저히 거쳤다면, 직장을 그만두고 1인 기업을 할 때 이미 경험한 수입 발생 시스템을 그대로 옮겨오면 된다. J 대표의 경우 이미 금붕어를 판매해 수입을 창출했기 때문에 훗날 1인 기업을 할 경우 더 고급스럽게, 더 높은 가격으로 판매할 수 있는 노하우를 갖춘 셈이다. 이처럼 퇴근 후의 개념을 하루의 마무리가 아닌 또 다른 시작으로 바꾼다면 수입 창출을 이룰 수 있다.

블로그 제작 전문 1인 기업으로 활동 중인 B 씨. 그의 전공은 컴퓨터 디자인이었다. 대학졸업 후 디자인회사에 근무하면서 감각을 유지하기 위해 다른 사람의 블로그나 카페를 만들어주었다. 제작 대가는 한 끼 식사였지만, 점차 욕심이 생기자 5만 원씩 받기 시작했다. 디자인 감각이 있었기에 유료로 전환해서도 일거리가 줄지 않았다. 오히려 돈을 받으니 스스로 긴장되고, 더욱 잘 만들기 위해 노력하게 됐다. 단 다른 블로그 제작자보다 시간이 오래 걸리기 때문에 제작 날짜를 오래 잡았다.

그러던 어느 날, 다니던 회사가 부도가 났다. 재취업을 할까 고민했지만, 블로그 제작으로 돈도 벌어보았으니 이젠 내 길을 가야겠다고 판단해 블로그 제작 1인 기업을 시작했다. 전보다 시간상으로 집중할 수 있어 더 고급스럽고, 세련되게 제작할 수 있었다. 그래서 작업비가 높아졌음에도 일이 밀려 밤새 작업하는 경우까지 생길 정도로 인기가 좋다.

직장 다닐 때 퇴근 후 감각 훈련을 위해 했던 일이 일정한 보수를 받게 되면서 결국 1인 기업으로까지 발전한 사례다. 지금은 제작을 넘어 블로그 제작에 관한 강의와 책을 준비 중이다.

B 씨가 퇴근 후 최소수입을 창출하지 못했다면, 회사가 부도났

을 때 어떤 결정을 내렸을까? 아마도 재취업을 더 심각하게 고민했을 것이다. 그런데 퇴근 후 최소수입 창출 과정이 있었기에 자신있게 1인 기업으로 나아갈 수 있었다고 생각한다. 이것이 바로 금액이 많든 적든 반드시 이 과정을 거쳐야 하는 이유다.

퇴근 후 최소수입을 창출할 때 점검해야 할 사항이 있다.

1. 본업을 더욱 충실히 한다

퇴근 후 최소수입 창출을 하겠다고 본업을 미흡하게 처리하면 안 된다. 최소수입 창출 과정에서 첫째는 본업에 충실히 임하는 것이다. 본업을 집중해서 단시간에 끝내고 수입을 창출해야 함을 잊지 말자.

2. 본전 생각을 하지 않는다

최소수입 창출은 돈을 벌기 위한 투잡이 아니다. 수입이 많으면 좋겠지만, 앞으로 해야 할 1인 기업의 가능성을 점검하는 일이다. 퇴근 후 나의 1인 기업 가능성을 보여줄 자리가 있다면 금액과 상관없이 해보고, 기꺼이 평가받고 가능성을 점검하자.

3. 미리 금액을 정해놓는다

본전 생각을 하지 말아야 하지만, 일정한 시간이 되면 더욱 높은 금액을 받을 수 있어야 한다. 금액 기준을 미리 정해놓는다면 스스로 그 금액에 맞는 사람이 되기 위해 노력도 할 것이다. 또 금액을 미리 정해놓아야 일정한 시기가 되면 그 금액으로 수입을 창출할 수 있으며, 훗날 이 금액이 조직 밖 1인 기업을 시작할 때 견적 산출 기준으로 연결된다는 사실도 잊지 말자.

퇴근 후 시간을 어떻게 보내느냐에 따라 많은 것이 달라진다. 특히 직장 속 1인 기업은 본업에 충실하면서도 1인 기업을 준비해야 하기에 늘 시간이 부족하다. 퇴근 후를 하루의 끝이 아니라 시작으로 생각한다면 시간을 만들어 쓸 수 있다. 확보한 시간으로 최소수입을 창출하자.

:: **04** ::

경쟁력은
주말에 생긴다

한 분야의 전문가가 되기 위해선 1만 시간의 연습이 필요하다는 '1만 시간의 법칙'을 알고 있을 것이다. 주 5일제 시행으로 주말을 이용하기가 수월해졌으므로 이를 활용해보자. 스무 살 때부터 토요일과 일요일 각각 여섯 시간을 확보하고, 평균수명 여든 살을 잡아 1만 시간의 법칙을 적용한다면 우리는 평생 네 번 가까이 전문가가 될 시간을 확보할 수 있다.

네 번이나 전문가가 될 수 있는 주말 시간인데도 무조건 쉬어야 한다는 생각으로 소파에 누워 뒹굴거리거나 TV를 보며 지내는 사람이 많다. 쉬기는 쉬었지만 아마도 대부분 사람이 일요일 저녁쯤

되면 무언가 모르는 허탈함을 느낄 것이다. 일요일 저녁에 느낀 감정은 고스란히 이후 주중까지 영향을 준다. 그만큼 주말을 어떻게 보내느냐에 따라 한 주를 보람으로 시작할지, 허탈함으로 시작할지가 결정된다.

직장인에게 주말은 자유로운 시간이다. '갑'과의 계약관계로부터 벗어나 자유를 만끽할 수 있으며 시간 활용 또한 자유롭다. 하지만 자유에는 책임이 따른다. 책임감을 생각한다면 감정적 충동을 억제하고 무조건 따라 하기 식으로 보내기보다는 주도적으로 이끄는 삶을 위해 활용할 필요가 있다.

1인 기업으로 가는 과정 중 최소수입 창출을 위해 주말 활용을 이야기하면 "그럼 언제 쉬느냐?"고 반문하는 사람이 많다. 우리는 기계가 아니므로 재충전은 필요하다. 하지만 필요한 건 재충전이지, 밋밋하고 다음 날 후유증까지 유발하는 '무조건 쉬어줘야 한다'는 개념의 주말은 아니라는 점을 명심해야 한다.

공병호연구소의 공병호 박사를 보면 그것이 얼마나 중요한지 알 수 있다. 그는 "자유의지에 따라 결정하고 그 결과에 대해서도 스스로 책임지는 사람"이 되겠다고 선포했다. 그런 후 직장인에서 집필과 강연, 1인 기업으로 변신해 눈부신 성공을 거뒀다.

공병호 박사는 직장인 시절 주말 활용의 중요성을 누구보다 깊이 인식했다. 그가 직장에 다니던 때는 주 5일제가 시행되기 전이라 토요일 오전은 출근했다. 그런 시간의 특성을 고려해 토요일은 물론 일요일까지 온전히 활용하기 위해서 금요일 저녁에는 주말 계획을 세우고, 일찍 잠자리에 들었다. 토요일 오전에는 일하고 오후 2~6시까지는 업무 외에 스스로 연구하고 싶은 분야를 연구했다. 그리고 일요일은 온전히 연구 분야에 몰입하며 보냈다.

남들에겐 이런 주말이 재미없게 보일지도 모르지만, 그건 기껏해야 남들의 생각일 뿐이다. 그는 평소 연구하고 싶은 분야를 연구하면서 어느 순간보다 즐겁고 재미있는 시간을 보냈다고 말한다. 재미의 기준을 남의 시선이 아니라 스스로 정립했기에 가능했다.

주말을 자기계발에만 사용했기에 가족들에게 소원할 거라 생각할 수 있지만, 그의 저서 《주말 경쟁력을 높여라》를 보면 주말 활용과 가족 사랑의 관계를 어떻게 생각하는지 알 수 있다.

강연 주최 측에서 제공한 렌터카 안에서 기사와 남산 순환도로를 지나는 동안 이런저런 이야기부터 고향 친구들의 성공담까지 자잘한 이야기들을 재미있게 들려주었다. (…) "아무래도 가난은 대물림하는 것 같습니다. 그래서 요즘은 부쩍 커가는 아이들에게 미안하다는 생각이 들어요." 며칠이 지난 후에도 그의 이야기가 가슴 한구석에 남아 있었다. 내가 한 가족을 책임지는 가장으로서 일요일을 그냥 보낼 수 없었던 것도 바로 그의 심경과 일맥상통하는 것이리라 생각한다. 내가 준비하지 않으면 결국 아이들에게 큰 부담을 지울 수밖에 없다는 위기감 말이다. 지금도 여전히 그런 생각으로부터 완전히 자유롭지는 않다.

우리네 평범한 가장으로서의 책임감을 볼 수 있는 글이다. 하루가 다르게 변하는 상황에서 스스로 업그레이드하지 않는다면 언젠가는 물러날 수밖에 없다. 물러날 때 받는 피해 중 가장 큰 피해를 입는 건 지키고 싶은 가족이라는 사실을 공병호 박사는 일찍 자각한 것이다.

이런 책임감과 주도적인 삶을 살겠다는 마음으로 주말을 경영해 《공병호의 대한민국 기업의 흥망사》를 출간할 수 있었고 '공병호'라는 브랜드를 대중에게 각인할 수 있었다. 물론 인세와 강연으로도 수입을 얻었다. 이런 자신감과 대중의 인지도 덕에 대한민국에서 강연과 집필로 1인 기업의 새로운 획을 그을 수 있었다.

직장 속 1인 기업에게 주말은 축복이다. 공병호 박사처럼 24시간을 온전히 자신의 의지대로 사용해야 하는 1인 기업의 특성상 일주일 중 이틀을 미리 1인 기업을 체험할 수 있기 때문이다. 그리고 자유와 함께 오는 책임도 져야 한다는 사실 역시 1인 기업과 똑같다.

나 역시 주말에 많은 빚을 졌다고 생각한다. 나의 주말 활용은 군대 시절부터였다. 고졸로 입대해 1년쯤 지나자 미래가 걱정되기 시작했다. 인문계 고등학교를 졸업해 특별한 기술도 없어 취업할 곳도 마땅히 없을 거라는 위기가 몰려왔다.

다행히 입대 전 가스안전관리와 인연을 맺어 군대 안에서 기술 계통의 자격증을 준비하면 어떠냐는 생각이 들었고, 때마침 군대에서도 주 5일제가 자리를 잡아갔다. 주중에는 공부할 수 있는 시간이 야간에 두 시간밖에 없었지만, 주말은 달랐다. 주말에는 기본적인 경계근무만 나갔고, 나머지 시간을 온전히 활용할 수 있었다.

그렇게 공부하며 주말을 보냈다. 야간 공부 두 시간과 주말 시간을 최대한 활용해 공부했더니 '폭굉, 포스핀 가스' 같은 용어들이 눈에 들어오기 시작했다. 3개월간 준비한 끝에 공조냉동기계기능사 시험에 합격했다. 여기에 자신감을 얻어 공부를 지속할 수 있었고, 전역할 때는 네 개의 자격증을 확보한 상태였다. 그 후 야간 대학교 시절에도 모자라는 학점을 주말에 보충했고, 업무 관련 공부와 자격증 취득도 주말 시간을 활용했다.

직장에 다니며 1인 기업으로 최소수입을 창출할 때 주말의 소중함을 더욱 절실히 느꼈다. 토요일에는 초등학교 토요 프로그램으로 강의를 나가 최소수입을 창출했고, 칼럼을 쓰면서 최소수입을 만들었다. 또한 일요일에는 종일 도서관에 틀어박혀 책을 읽으면서 평일에 있을 강의를 준비했다.

이런 주말 활용을 이야기하면 직장이 주5일제를 철저히 시행했을 거라 생각하는 사람이 많았다. 하지만 기계를 수리하고 유지하는 부서에서 일했기에 기계가 멈추는 주말에 오히려 일이 더 많았다. 그랬기에 일이 없는 주말이면 그 시간이 더 소중했고, 그렇게 되도록 평일에 더욱 집중해서 일한 것 같다.

때로는 비슷한 또래 친구들처럼 긴장을 풀고, 5일간 일한 나에게 휴식을 못 주는 스스로가 미울 때도 있었다. 하지만 하고 싶은 일을 할 때는 대가가 따른다는 마음으로 스스로 위로하며 주말을 활용했다. 지금 돌아보니 그것이 내가 생각하는 재미였고, 다른 사람이 생각하는 주말 풍경이 아니라 나의 주말 풍경이었다는 사실을 깨닫게 된다.

이처럼 주말을 계획적이고 주도적으로 활용한다면 최소수입을 창출하는 데 충분한 시간을 확보할 수 있다. 주말을 의도적으로 만들어보자. 주말은 한 주간의 보상이 아니며, '무조건 쉬워야 한다'라는 법도 없다. 주말을 활용해 최소수입 창출에 성공한다면, 그 시스템을 평일로 옮겨놓고 1인 기업을 하면 된다.

공병호는《주말 경쟁력을 높여라》에서 '주말을 성공적으로 보내는 사람들의 일곱 가지 습관'을 다음과 같이 정리했다.

1. 마이웨이를 간다.

2. 계획적이다.

3. 일주일을 이원화한다.

4. 자신에게 투자한다.

5. 행복해지려고 노력한다.

6. 균형을 유지한다.

7. 자신을 사랑한다.

1인 기업의 주말, 누구보다 화려하게 창출하라.

감정적 장애물에
지지 마라

최소수입 창출 과정에서 시간 확보를 방해하는 장애물 두 가지가 있다. 이 두 가지 장애물은 최소수입 창출은 물론 1인 기업으로 가는 모든 과정에서 일어난다. 하나는 스스로 만든 장애물이다. 스스로 만든 장애물은 자기절제와 확고한 목표로 제거할 수 있다. 또 하나의 장애물은 타인이 만든 장애물인데, 이는 약간 복잡하다.

세상에는 두 부류의 사람이 있다. 나는 행동하는 사람과 행동하지 않는 사람으로 나눠보겠다. 행동하는 사람은 최악의 경우도 껴안고 누구보다 먼저 변화를 주도한다. 이런 사람은 언제나 소수다. 행동하는 사람은 소수이기 때문에 주목받고, 주목받기 때문에 다수로부터 칭찬을 받거나 시기 질투를 받을 수밖에 없다.

앞서도 말했듯이 직장 속 1인 기업들은 최소수입 창출 과정을 외부에 알리길 극도로 꺼린다. 이유는 잘 알 것이다. 그것이 '딴짓'이라고 규정당하는 순간 조직이 만든 관습과 편견 때문에 불이익이 있을 거라는 생각에서다.

아직 우리 사회는 다수의 길이 아닌 소수의 길, 나의 길을 가려는 행동에 박수를 보내기보단 같은 길로 가게끔 끌어내리려는 경향이 있다. 그리고 '다수의 길이 정답'이라는 이분법적 사고를 교육한다. 지금 대한민국의 권력자나 혜택을 누리는 소수의 사람은 다수의 길에는 기회가 없음을 알면서도 '다수의 길이 정답'이라 교육한다. 이런 교육 시스템에 대해 우리 사회 전체가 다시 생각해볼 일이다.

혹자는 다수의 길로 끌고 가려는 현상은 언제 어디서나 있었다고 말한다. 마치 우리 삶의 풍경처럼 말이다. 우리는 모두 그런 천성을 가지고 있으며, 때때로 분별력을 잃은 채 자기애(自己愛)에 휩싸여 변화를 주도하는 사람을 시기하거나 질투한다는 것이다. 거기다 교육을 통해 그 본성을 더욱 강화한다는 주장이다.

1인 기업으로 가는 길에도 다수의 길로 끌어내리려는 현상과 사람들이 존재한다는 사실을 기억할 필요가 있다. 특히 직장 안에서

1인 기업으로 가기 위한 최소수입 창출 단계에서는 그런 사람이 반드시 있다는 생각을 염두에 두어야 한다.

각자의 개성과 자라온 환경이 다른 개인이 모여 함께 사는 곳에서 모든 사람에게 사랑을 받는다는 건 처음부터 불가능한 일이다. 자신을 미워하고 시기하며 질투하는 사람이 언제든 나타날 수 있다. 그들과 항상 심리적, 물리적 거리를 둘 수 있으면 좋겠지만 가끔은 함께해야 할 때도 있다.

그들을 만날 때 감정(열정, 희망, 꿈의 갈망 등)을 허비해서는 안 된다. 특히 상대가 권위자나 그 분야에 대해 잘 아는 사람이라면, 더욱 주관을 세우고 자신의 감정을 지켜야 한다.

1인 기업은 자유롭다는 장점이 있지만 조직의 보호, 즉 다수의 보호를 받을 수 없다는 게 단점이다. 주변 사람들로 인한 감정 허비에 언제든 쉽게 노출될 수 있다는 사실을 잊지 말아야 한다. 그들을 만나면 물리적 거리는 어쩔 수 없다 하더라도, 심리적 거리를 유지해 자기 감정을 보호해야 한다.

우선 끌어내리려는 사람을 만나면 그들의 존재를 당연히 여기고, 당연한 것이니 감내해야겠다고 생각하자. 누구나 각자의 성품에 따라 삶을 살 권리가 있음을 인정하고, 그들의 성품을 바꾸려 하거나 설득하려는 생각으로 감정을 낭비해서는 안 된다. 내가 일정한 위치에 오르고 권위가 있을 때, 그들이 스스로 인정하고 자신을 바꾸려 할 때까지 내 감정을 낭비할 필요는 없는 것이다. 여기, 가장 현명한 조언이 있다. 독일 철학자 아르투르 쇼펜하우어의 말이다. "너는 네 삶을 살고 타인은 그만의 삶을 살게 놔둬라."

최소수입 창출 단계에서는 불필요한 감정 소비를 피하기 위해 다음과 같은 마음을 유지할 필요가 있다.

1. 스스로 기만하지 않는다

개선제도 비법을 강의하는 선진디앤씨 윤생진 대표는 금호타이어 생산직 근무 시절, 하루 7건이 넘는 개선 제안을 발표해 고졸 신화를 창조하며 승승장구의 길을 걸었다. 그런데 1980년대 말 회사에 노조가 생기면서 회사의 정책을 잘 따른다는 이유로 어용으로 몰린적이 있는데, 당시 그는 사표를 쓸까도 고민했다.

하지만 그는 회사를 위해서가 아니라 자신을 위해 최선을 다했을 뿐이며, 그것이 회사와 자신에게 도움이 되는 윈-윈으로 생각했다. 남들이 아니라 자신을 기만하지 않았고, 최선을 다했다고 확신했기에 사표 쓸 이유가 없었다. 즉 자신에게 떳떳했다. 그 후 유행처럼 불던 어용 사냥은 사라졌고, 그의 노력도 사람들에게 인정을 받았다.

이와 비슷하게 최소수입 창출 과정에서 남들의 시기나 질투를 받을 수 있다. 하지만 시기나 질투 때문에 나의 감정을 소비해서는 안 된다. 외부의 기준에 눈을 돌리지 마라. 스스로 최선을 다하고, 스스로 인정했다면 그뿐이다. 내부로 눈을 돌려라.

2. 평가받을 대상의 기준을 확립한다

최소수입 창출 과정에서 평가받을 대상을 신중히 생각해야 한다. 1인 기업으로 가기 위해 노력하는 나의 모습, 신념, 모토를 이해하지 못하는 사람에게 평가받는다면 상처를 입거나 감정 소비에 그칠 수밖에 없다. 최소수입 창출 과정에서 나를 평가할 수 있는 건 오직 고객뿐이다. 고객의 평가를 겸허하게 받고 보강해나가면 되지, 나를 이해하지 못하는 사람에게 평가받을 필요는 없다. 평가받을 대상을 신중히 찾아 최소수입을 만들자.

"비난은 행동하는 사람에게 주는 최고의 찬사"라는 말이 있다. 감정을 갉아먹는 말을 들을 때마다, 찬사를 듣고 있으며 아주 잘 가고 있다고 생각하자.

이성은 합리적인 길을 알려줄 뿐 행동을 이끌어내는 건 감정이다. 감정을 지킬 줄 알아야 한다. 이 감정이 행동으로 변해 1인 기업으로 가는 최소수입 창출이 가능해진다. 특히 타인의 평가나 시기, 질투만큼 감정을 소비하고 사람을 주눅 들게 하는 건 없다. 스

스로 최선을 다하고, 오직 고객에게만 평가받으며, 다음 행동으로
연결하는 내 감정을 보호해 최소수입 창출에 성공하자.

3단계 TIP | 최소수입을 창출하며 시뮬레이션하라

| 관련 사이트 |
• 창업넷 http://www.changupnet.go.kr
• 강사야 http://www.gangsaya.co.kr
• HRD지식포털 http://cafe.naver.com/hrdportal
• 한국생산성본부 http://www.kpc.or.kr
• (사)한국방과후 교육진흥원 http://www.kased.or.kr/
• 한국아동요리지도자협회 http://www.cookingkids.co.kr
• 대한상공회의소 http://www.korcham.net/
• 1인창조기업협회 http://www.1company.or.kr/

| 관련 저서 |
•《돈 버는 인터넷 카페》, 백기락, 크레벤지식 서비스
•《퇴근 후 이기적인 반란》, 윤정은, 팬덤북스
•《주말사장으로 사는 법》, 마츠오 아키히토, 더난출판사
•《정년 없는 프로페셔널》, 김현정, 중앙m&b
•《주말 경쟁력을 높여라》, 공병호, 해냄

나만의 파이프라인을
만들어라

::: **01** :::

콘텐츠를
실제화하라

장사와 사업을 가르는 기준은 시스템의 유무다. 내가 가진 '그 무 엇'을 시스템화한다면 수입이 저절로 들어오는 파이프라인을 구축 할 수 있다. 이 파이프라인 구축은 많은 사업가가 꿈꾸는 부의 추 월차선이며, 꿈의 지도이기도 하다.

1인 기업에게는 두 가지 파이프라인이 있다. 하나는 수입과 연결 되는 아웃풋 파이프라인(output pipeline)이다. 내 홈페이지에 있는 정보가 판매될 때 관리자 없이 결제되는 '24시간 결제 시스템'이 좋은 사례라 할 수 있다. 반대로 혼자 모든 걸 해야 하는 부담과 체 력을 보완해주는 인풋 파이프라인(input pipeline)이 있다. 나 없이

도 인터넷상을 떠도는 내 홍보 동영상, 광고들이 좋은 사례다.

이처럼 1인 기업에게 필요한 두 가지 파이프라인을 만들기 위해 먼저 해야 할 것은 내가 가진 '그 무엇'을 점검하는 일이다. 1인 기업에서는 '그 무엇'을 일반적으로 '콘텐츠'라 부른다.

안정된 지금 이곳에서 퇴근 후 또는 주말을 활용해 최소수입을 창출했다면, 더 많은 곳에서 더 높은 금액을 받을 수 있는 파이프라인을 만들어야 한다. 파이프라인을 만들기 위해서는 내가 가진 것을 실제화(realization)할 수 있어야 하는데, 그 작업이 '콘텐츠 재점검'이다.

최소수입 창출은 내가 가진 콘텐츠가 시장에서 수입을 낼 수 있는지 확인하는 절차였다. 직장에 다니면서 하는 활동이기 때문에 수입을 창출하지 못해도 당장 생계에는 영향이 없다. 하지만 콘텐츠 재점검부터는 1인 기업 선포가 임박한 상태에서 이루어지는 준비이므로 비용도 발생할 수 있으며, 더 많은 전문성과 시간 투자를 요구한다. 그래서 몇몇 1인 기업은 최소수입 창출로 자신감이 생기고 시장성을 확인했으며 마케팅을 잘할 수 있다는 확신이 있을 경우 콘텐츠 재점검 단계에서 직장을 나와 1인 기업으로 전환하기도 한다.

내가 가진 콘텐츠를 실제화하기 위한 재점검은 두 가지로 이루어진다.

1. 가시적인 요소로 나타낸다

콘텐츠를 점검하는 1인 기업은 사업의 초기 단계라 모델, 샘플, 사례, 데이터에 한계가 있다. 즉 최소수입 창출에서 경험한 것이 전부이기 때문에 고객에게 가시적으로 보여줄 거리가 없다. 하지만 절망할 필요는 없다. 내가 이룬 걸 보여주지 못하는 것일 뿐이므로 다른 사람이 이룬 가시적인 요소를 찾아 보여주면 된다.

의료관광 컨설턴트로 활동하고 있는 C 대표는 의료관광 원터치 서비스에 관심이 있었다. 의료관광 원터치 서비스는 이동-숙박-병원-행정-보험-관광을 한 번에 처리하는 서비스를 말한다. 그는 사례를 찾기 위해 중견 병원 원무과를 그만두고 의료선진국 쿠바에서 직접 의료관광을 체험했다. 애초에 사업목적으로 쿠바를 갔기 때문에 의료관광 중 제공받은 간식 포장지까지 수집해 한국으로 가져왔다.

수집한 모든 자료를 포트폴리오로 만든 그는 홈페이지를 제작하고 소호 사무실을 구해 관광회사를 차렸다. 여행사, 관광버스 업체, 호텔, 보험사 등에 쿠바 의료관광 포트폴리오를 들고 찾아가 사업설명을 하여 계약을 성사시켰다. 그리고 마지막엔 병원을 찾아가 가격을 대폭 낮추는 데 성공했다.

고객은 오직 중국 중산층으로만 했고 의료 서비스는 성형과 검진으로 집중했다. 이런 선택과 집중으로 2006년 서울의 모 중견 병원에서 의료관광 서비스 원터치 시스템을 만들어 판매하는 데 성공한다. 이 한 번의 성공 사례로 경쟁력을 갖추고 싶어 하는 중견 병원에서 컨설팅 의뢰가 쏟아져 바쁜 나날을 보내고 있다.

C 대표는 국내에 없는 사례를 가시화하기 위해 쿠바를 방문했고, 직접 체험을 포토폴리오로 만들어 사업 파트너에게 보여주었다. 이처럼 콘텐츠의 가시화는 예비 파트너는 물론 고객을 설득하는 데 매우 중요하다. 내가 가진 모델이나 샘플, 사례, 데이터가 없다면 해외 또는 다른 사람들의 성공 사례를 통해 가시화할 수 있다. 가시화를 위해 부지런히 발품과 손품을 팔자.

2. 프로세스를 구축한다

프로세스화는 콘텐츠의 일정한 패턴과 순서를 발견하거나 만드는 작업이다. 흔히 볼 수 있는 '~를 완성하는 단계', '~를 위한 과정'으로 생각하면 이해가 쉬울 것이다. 1인 기업에게 프로세스화는 다양한 기회를 낳는다.

우선, 패턴을 정립하면 다양한 연령의 고객을 확보할 수 있다. 모 스피치학원 원장은 무대 공포를 극복하는 과정을 프로세스화했다. 무대 공포를 극복하는 핵심은 같기에 사용하는 용어만 바꿔 연령별 과정을 만듦으로써 다양한 연령의 고객을 확보했다.

또 다른 이점은 퍼스널 브랜딩을 할 수 있다는 것이다. 일정한 패턴을 정립하면 패턴을 만든 최초가 될 수 있고, 일관된 패턴을 계속 주장하면 고객의 기억 속에 나를 각인시킬 수 있다.

내 콘텐츠에 프로세스가 있는지 확인하자. 만약 없다면 내가 첫 프로세스를 만들면 된다.

작가계의 아이돌이라 불리는 이지성 작가. 정회일 작가와 함께 쓴 《독서 천재가 된 홍대리》에는 독서 천재로 가는 프로세스가 나온다. 무작정 '독서를 열심히 해라'가 아닌 홍대리라는 가상의 인물이 독서 천재가 되는 프로세스와 독서로 여러 가지 상품을 내놓는 프로세스도 담겨 있다. 이 독서법 프로세스로 이지성 브랜드는 '독서 경영가', '독서 천재' 등 독서 분야에 확고한 자기 브랜드를 확립했다.

이처럼 프로세스화하기 위해선 일정 시간 관찰한 후 패턴을 찾으면 된다. 그리고 찾은 패턴을 누구나 알기 쉽게 문서나 그림으로 나타낸다면 이지성 작가처럼 핵심 상품으로 바꿀 수 있다.

슈가아트 1인 기업을 하고 싶어 찾아온 O 씨. 호텔리어로 일하면서 주방에서 틈틈이 슈가아트 실력을 쌓았다. 호텔에서도 실력을 인정해 일정 금액을 주며 그녀의 작품을 구매하는 수준까지 올랐다. 나는 1인 기업 시점이 임박했다고 판단해 그녀에게 콘텐츠를 재점검하라고 조언했다.

우선 자체 판매(블로그)만으로는 수입이 불안정하니 가시적인 요소와 프로세스 요소를 보강하라고 조언했다. 특히 가시적인 요소에서는 슈가아트를 만드는 과정을 공개하는 개인 방송을 준비하라고 했다. 개인 방송 타이틀을 '대표성' 있는 것으로 지을 것과 브랜딩을 위해 프로세스화함으로써 같은 요일, 같은 시간에 방송할 것을 조언했다. 또 프로세스 요소를 보강해 책 출간과 강연으로 연결할 수 있도록 제안서 작성법을 조언했다.

마지막으로, 우리나라에는 '슈가아트 하면 누구다'와 같은 대표성 인물이 없으니 일관된 주장과 제작법 홍보로 '슈가아트 하면 O씨'가 되도록 브랜딩에 힘쓰라고 조언했다.

이처럼 가시적인 요소와 프로세스화 과정은 분야에 맞는 대표성 1인 기업으로 만들 수 있다. 특히 프로세스화 과정은 기존 경쟁자가 있어도 나만의 특별한 '그 무엇'이 있다면 기존 경쟁자를 따라잡을 수 있다.

내가 가진 '그 무엇'을 실제화하고 파이프라인으로 만들기 위해

선 콘텐츠 점검이 필요하다. 콘텐츠 점검에서는 가시적인 요소와 프로세스화가 필수다. 이 과정에서 나만의 브랜딩 요소를 찾을 수 있다면 대표성을 갖춘 1인 기업으로 진화할 수 있다. 스스로 강력한 대표성을 갖도록 콘텐츠를 점검하자.

02

고객의 문제를 진단하고, 해결법을 찾아내라

병을 고치기 위해선 치료도 잘해야 하지만, 치료 이전에 정확한 진단이 우선이다. 그래서 명의로 소문난 사람은 치료는 물론 진단을 누구보다 잘 한다. 1인 기업도 마찬가지다. 고객의 문제를 정확히 진단하고 해결책을 준다면 파이프라인 구축은 물론 명품 1인 기업으로 발전할 수 있다.

목표 고객의 문제점을 정확히 진단하기 위해서는 '목표 고객'이 누구인지를 명확히 할 필요가 있다. 즉 고객에 대해 선택과 집중을 하는 것이다. 세계적인 실리콘밸리 기업의 비즈니스 플랜과 해외 시장 마케팅을 담당하는 엘턴 셔윈의 책《세상에서 가장 강력하고 간결한 사업계획서》는 선택과 집중에 대해 다음과 같이 말했다.

> 역설적으로 들릴 수도 있겠지만, 시장의 목표를 좁혀 잡으면 분명 상품의 판매를 증가시킬 수 있다. 왜냐하면, 구매자의 특징을 제대로 파악해 사업에 집중할 수 있기 때문이다. 마찬가지로 지금 당신이 '모든 사람'을 목표로 상품을 판매하려 한다면, 비용만 늘어날 뿐 수익 면에선 오히려 도움이 되지 않는다. 하지만 구매자를 세분화해 초점을 맞추면, 판매가 신장하고 수익 또한 늘어날 확률이 높아진다.

이처럼 목표 고객의 문제점을 찾기 위해 '목표 고객'부터 명확히 할 필요가 있다. 1인 기업은 목표 고객을 다수 고객과 소수 고객으로 나눈다. 다수 고객은 불특정 다수 고객이다. 책, 동영상, 대중적(비전 교육, 동기부여 등) 강의 CD, 파일 등 다수를 위한 상품을 적은 금액으로 대량 구매하는 고객을 말한다. 소수 고객은 면대면(面對面)이 가능한 고객이다. 전문화되고 특화된 주제의 소규모 강의, 개인 코칭, 소규모 코칭, 특정 정보가 있는 고가의 책, 파일을 구매하는 고객을 말한다.

수많은 1인 기업을 보면서 다수 고객만 상대하는 1인 기업, 다수 고객을 확보한 후 소수 고객 상대로 전환한 1인 기업을 볼 수 있다. 소수 고객도 다수 고객 속에서 나오므로, 처음 1인 기업을 시작하는 사람에게는 다수 고객을 상대하는 1인 기업을 하라고 조언한다. 그 후 다수 고객에게 소수 고객을 위한 상품을 홍보하고 모집할 수 있어 유리하다.

또 1인 기업 개인 성향과 내가 가지고 있는 상품을 생각한다면 최종적으로 다수 고객을 상대할지, 소수 고객을 상대할지 먼저 판단하고 접근하라고 조언한다.

목표 고객을 정했다면 고객의 문제점을 찾아야 한다. 여기에는 질문과 관찰, 체험이라는 세 가지 방법이 있다. 질문과 체험은 시간이 많이 들고 비용도 많이 발생하므로, 1인 기업의 특성상 관찰로 확신을 얻었을 때 고객에게 직접 질문하고 체험하는 것이 좋다. 우선 목표 고객을 관찰해 고객의 문제점을 찾아주면 된다. 관찰을 강조하는 이유는 사람이 습관의 동물이기 때문이다. 관찰자는 불만을 볼 수 있지만, 상대는 당연하게 생각할 수 있다는 얘기다. 이런 '자각하지 못한 불만'을 일깨워주는 것도 1인 기업에게는 큰 상품이며 기회가 된다.

관찰로 얻은 고객의 문제점에 대해 1인 기업은 다음과 같은 여섯 가지 방법으로 해결책을 연구해 제시한다.

1. 재정의, 재해석으로 해결

아키니와 도하쿠가 쓴 잡담을 재정의한 《잡담의 기술》이라는 책이 있다. 이 책에서 저자는 잡담을 시끄럽고 불필요한 대화가 아닌 비즈니스 이야기 이전에 대화 진행을 부드럽게 풀어주는 것으로 재해석하여 큰 인기를 누렸다. 그는 현재 잡담의 프로세스와 나름의 법칙을 만들어 강연, 칼럼니스트 1인 기업으로 활동 중이다.

2. 새로운 조합으로 해결

레크리에이션에 실버, 육아를 조합해 새로운 레크리에이션을 만들어 연령에 맞는 해결책을 제시한 것이 하나의 예라 할 수 있다. 힐링과 치유를 찾는 고객을 위해 요리, 미술, 음악에 치료 기법을 조합하여 다양한 이름으로 활동하고 있는 1인 기업도 있다.

3. 정확히 집어내서 해결

'나한테는 당연한데 상대는 모른다'를 생각한다면 문제를 정확히 집어낼 수 있다. 여기서 중요한 점은 나한테 당연하니 상대한테도 당연하다는 생각을 걷어내는 것이다. 이런 관점의 변화만으로 고객 문제 해결을 통해 수입을 만들어낼 수 있다.

4. 대신 해주는 것으로 해결

현대인은 늘 시간이 부족하다. 문제를 고객도 자각하고 있고 해결법도 알지만, 시간이 부족해 할 수 없는 경우가 많다. 이미지 컨설턴트에서 세분화해 패션 컨설턴트로 활동 중인 C 대표는 이 점에 착안했다. 그는 많은 고객이 자기 체형과 얼굴에 맞는 스타일을 안다고 한다. 하지만 더욱 세분화하여 챙길 시간이 없기 때문에 패션 컨설턴트를 찾는다고 말한다. 고객의 시간을 대신해 문제를 해결해줄 수 있다.

5. 새로운 것을 창출해서 해결

기존에 없던 것을 만들어서 해결하는 방법이다. 문제는 있지만, 해결사가 없는 분야가 있다. 예컨대 대도시에는 주차 문제만 있고 해결해주는 사람이 없었다. 그래서 주차관리사(주차 관련 컨설팅 및 주차분쟁 해결) 1인 기업이 생겼다. 또 케이크의 장기간 보관이 힘들다는 점에 착안하여 비누로 케이크를 만들어 형태와 향기를 장기간 보관하게 해주는 비누 케이크 공예 1인 기업이 생겼다.

6. 제거로 해결

무언가를 추가해서 해결할 수 있듯이, 제거해서 해결할 수도 있다. 공간, 인맥, 생각을 정리해주는 정리 기법 1인 기업이 좋은 예다. 고객의 문제를 제거해줄 수 있는 부분을 찾아 낭비를 막아주면 된다.

  나만의 파이프라인을 만들기 위해선 고객의 문제를 해결해줘야 한다. 먼저 고객을 명확히 하고, 나의 상품이 다수를 위한 상품인지 소수를 위한 상품인지 고민하자. 그 후 고객을 자세히 관찰해 그가 가진 문제를 해결해준다면 직장을 벗어나 1인 기업으로 나갈 수 있다.

  특히 '고객도 자각하지 못한 문제'를 찾는다면 1인 기업 브랜딩에 큰 도움이 될 것이다. 1인 기업으로 성공하려면 목표 고객의 문제를 해결해줘라.

03

단계별로 굴러가는
판매라인을 구축하라

고객의 문제점을 찾고, 해결법을 만들었다면 이젠 팔아야 한다.
'판다'는 문제는 모든 기업의 고민이며, 영원한 숙제이기도 하다.
1인 기업에게도 마찬가지다. 작게 시작할 수 있지만 팔지 못한다
면 결과는 뻔하다. 나만의 판매라인을 구축하여 해결법을 판매
해보자.

부산·경남 지역에서 취업 컨설턴트로 활동하는 J 대표. 그의 고
객은 부산·경남 지역 대학생이며 취업 정보도 그 지역 기업들에
대한 것만 가지고 있다. 이런 선택과 집중으로 취업에 관한 고급

정보들을 많이 가지고 있다. 그는 고급 정보들을 블로그, 카페를 통해 무료로 알려준다. 내가 볼 때는 돈을 받아도 되는 고급 정보도 꽤 많았다.

무료 정보가 많아서 어떻게 수익을 발생시키는지 궁금했는데 블로그, 카페의 배너광고를 보고 궁금증이 해결됐다. 배너광고는 홈페이지에 자동으로 연결되어 있고, 홈페이지에는 일대일 면담을 위한 24시간 자동결제 시스템이 구축되어 있었다. 면담에는 직접면담, 전화면담, 이메일 상담 세 가지가 있으며 결제 금액도 다 달랐다. 무료 정보로 받을 수 없는 고급 정보를 얻기 위해 결제 시스템을 이용하는 고객이 많다고 J 대표는 말한다.

또 J 대표는 대학교와 연계하여 취업캠프를 대행함은 물론 자체적으로도 사람을 모집해 취업캠프를 연다. 자체적으로 취업캠프를 열 때 가장 힘든 점은 사람 모으기인데, 여기서 J 대표만의 노하우가 발휘된다. 바로 무료 정보의 단계별 제공이다.

처음 카페에 가입하면 PDF 파일로 된 4쪽짜리 취업 정보를 이메일로 보내준다. 그리고 카페 활동(게시글, 댓글 올리기 등) 등급에 따라 고급 정보가 있는 게시판을 열어볼 수 있다. 그렇게 카페 고객을 확보한 후에는 카페에 일일 특강을 홍보한다. 일일 특강 금액은 대학생들에게 부담이 없는 1~3만 원 수준으로, 강연장 대관료 정도의 금액이다.

일일 특강에 참석할 경우에는 즉석에서 30쪽 정도의 소책자를 나눠준다. 소책자에는 부산·경남 지역 기업 리스트와 연봉 정보, 기업별 면접 정보를 담았고, 2박 3일 취업캠프 정보도 담겨 있다. 일일 특강을 마무리할 때도 2박 3일 취업캠프 홍보를 한다.

이렇게 단계별로 무료 정보를 제공하면서 홈페이지와 취업캠프로 사람을 모아 수익을 만들어낸다. J 대표는 고객의 선택과 집중, 판매라인 구축을 통해 부산·경남 지역 취업 컨설턴트로 유명세를 떨치고 있다.

인터넷과 스마트폰 발달로 1인 기업을 홍보하고, 해결법을 판매하는 방법은 이미 첨단화되었다. 더욱이 판매라인 구축에 꼭 필요한 카페, 블로그, 홈페이지 제작에도 능력 있는 전문가들이 상당히 많다. 문제는 구축된 판매라인의 운영 방법이다. 성공한 1인 기업들을 공부하면서 분야와 상관없이 판매라인 운영 방법의 일정한 공통점을 찾을 수 있었다.

1. 무료 제공을 통해 고객 정보를 확보한다

소책자, 정보지, PDF 파일, 샘플, 단시간 전화 상담 등 고객에게 무료로 줄 수 있는 건 많다. 단 무료를 줄 때 고객의 정보를 입력하는 부분을 활용한다. 이때 고객의 이메일, 전화번호를 확보해 데이터화한다.

무료로 얻은 고객 정보를 활용하여 이메일, 문자광고를 전송해 고객을 모은다. 여기서 체리피커(cherry picker, 케이크 조각에서 케이크는 구매하지 않고 무료 체리만 먹는 고객, 즉 기업의 상품이나 서비스를 구매하지 않고 무료 서비스만 이용하는 고객을 말함) 고객 문제가 발생하기 쉽지만, 체리피커 고객은 모든 기업의 고민이자 일부 고객의 특성이니 감내하자.

2. 무료 상품의 품질을 매우 높여 재구매를 유도한다

최근 마케팅 교육 정보를 받기 위해 무료 소책자를 신청했는데 소책자는 물론 담당자의 손편지가 함께 왔을 뿐 아니라 포장지에서도 보내는 사람의 정성이 느껴졌던 일이 있다. 마케팅 교육회사가 많지만, 무료 상품의 품질을 보고 기꺼이 내 지갑을 열었다.

무료 상품을 무료에 맞는 수준으로 제공한다면 그 1인 기업의 모든 이미지가 그렇게 보일 것이다. 무료라 해도 디자인, 상품의 품질 등에 정성을 더한다. 물론 상품 안에는 홍보 메시지가 담겨 있어야 한다. 무료 상품의 품질을 보고 고객은 1인 기업 자체의 이미지를 결정한다는 사실과 재구매 성패가 여기서 결판 난다는 사실을 잊지 말자.

3. 캠페인을 벌여 해결법을 판매한다

성공한 1인 기업은 자신을 대표하는 캠페인이 있다. "대한민국에 안 되는 거 어딨니?"로 유명한 개그맨 고혜성 씨. 지금은 자신감 대통령이란 이름으로 동기부여 전문 1인 기업을 하고 있다. 그를 대표하는 캠페인이 바로 '고혜성 쇼'다. '고혜성 쇼'를 주관해 자신의 이름을 알리고 유망 예비 강사들을 발굴하며, 쇼를 보러 온 고객에게 여러 가지 상품을 홍보한다.

지방대 출신 학생들에게 많은 동기부여를 주고 있는 《날개가 없다, 그래서 뛰는 거다》 저자 김도윤 NOWING 공동대표도 있다. 그는 자신의 블로그에 저자 만나기 캠페인을 벌여 '멘토'에 관한 강의를 나가고 있다.

캠페인은 상품을 노골적으로 홍보하는 거부감이나, '구매당했다'라는 감정을 줄여준다. SNS를 적극적으로 활용하여 캠페인을 벌임으로써 해결법 판매라인을 구축하자.

이처럼 1인 기업은 세 가지 공통점으로 판매라인을 구축하고 판매한다. 판매 방법에는 온라인 판매, 오프라인 판매가 있는데 상품에 따라 다음과 같이 네 가지로 나눠진다.

1. 온라인-저가 판매

주로 동영상 강의, 오디오 파일, 저가의 정보 판매로 이루어진다. 보편화된 교육으로 활동하는 1인 기업에서 주로 판매한다. 실시간으로 판매되기 때문에 초기에 상품을 잘 만들어놓고 실시간 결제 시스템을 구축해두면 관리가 편하다.

2. 온라인-고가 판매

온라인상에서 고가 판매는 실시간 상담이 주를 이루며, 대량 복사가 불가능한 파일도 여기 속한다. 온라인 고가 판매에서 주의해야 할 점은 확실한 해결책을 제공해야 한다는 점이다. 일부 연애 컨설턴트들이 고액을 받고 말도 안 되는 내용(3류 유머, 비현실적 상황 설정)을 가지고 컨설팅을 하다가 사회적 물의를 일으키기도 했다. 1인 기업은 인터넷상 흔적이 많이 남기 때문에 고가 판매의 경우 확실한 해결책인지 심사숙고해야 한다.

3. 오프라인-저가 판매

주로 일일 강연 형식으로 많이 판매되고 있다. 대규모로 사람을 모아야 하므로 1인 기업이 직접 하기는 힘들며, 대중적으로 인지도가 높은 1인 기업이나 전문 업체에 맡겨 판매하는 방법이 주로 이용된다.

4. 오프라인-고가 판매

주간 단위 프로그램, 숙박하는 교육캠프 등 오프라인에서 이루어지는 고가 판매다. 유명한 1인 기업이 주로 판매하고 있지만, 유명인이 아니더라도 개인 코칭처럼 직접 만나 오프라인 교육을 할 수 있다면 초보 1인 기업도 할 수 있다.

1인 기업에게 판매라인 구축은 생존과 직결된 문제다. 해결법 판매에서 기본 중 기본은 온라인이며 온라인에서 오프라인으로 넘어오면 된다. 만약 상품이 오프라인에서만 판매할 수 있는 것이라면 개인 브랜딩을 위해 온라인(개인 홈페이지, 팬카페 등)을 적극적으로 활용해야 한다.

상품의 특성을 생각해서 무료로 제공할 것과 캠페인을 통해 판매할 것, 온라인과 오프라인 및 고가와 저가 여부를 판단해 판매하자. 파이프라인을 구축할 때 이런 고민이 1인 기업의 수입과 직결된다는 사실을 잊지 말자.

:: **04** ::

내 이름이 들어간
책을 써라

"비슷한 역량을 가진 다른 전문가들 사이에서 책을 통해 자신을 브랜드화한 것이지요."

신병철,《개인 브랜드 성공 전략》

"나는 글(책)과 말에 많은 빚을 지었다."

조관일,《청중을 사로잡는 명강의 기술》

"새로운 콘텐츠를 만들어내는 일은 생계를 위해서나 개인의 자 존감을 위해서 그리고 살아가는 이유를 확인하기 위해서도 무척 중요한데, 책 쓰기는 이런 부분에 결정적인 이바지를 하게 된다."

　공병호,《공병호의 공부법》

　성공한 1인 기업들이 한결같이 말하는 책 쓰기의 중요성을 몇 개 옮겨보았다. 내가 기업이고, 내가 상품인 1인 기업에게 책 쓰기는 무엇보다 중요하다. 특히 나만의 파이프라인을 만들 때 내 몸값을 결정하는 여러 가지 방법 중 내 이름이 들어간 책을 출간하는 일은 몸값을 올리는 데 결정적인 이바지를 한다.

　그런 이유로 1인 기업을 꿈꾸는 많은 사람에게 책을 써볼 것을 조언하는 일이 많은데, 대부분은 무척 어려워한다. 어려워하는 이유는 책 쓰기에 관한 편견이나 막연한 두려움이 있기 때문이다. 편견과 막연한 두려움을 없앤다면 나이, 직업에 상관없이 누구나 책을 쓸 수 있다고 생각한다.

　많은 사람이 가진 책 쓰기에 관한 편견과 두려움 중 하나가 '책은 아무나 쓰나?' 하는 것이다. 즉 작가라는 권위에 눌려 아무나 못 한다는 생각을 갖고 있다는 얘기다. 하지만 하루에도 200권 가까운 책이 서점에 쏟아져 나온다. 일 년에 쏟아져 나오는 책이 어느 정도인지를 보면 이젠 '대중 집필 시대'가 열렸음을 알 수 있다. 1인 기업은 작가의 권위보다 대중 집필 시대에 주목할 필요가 있다.

책을 쓰기 위해 가장 먼저 해야 할 일은 '무엇을 쓸 것인가'를 정하는 것이다. 여기에는 두 가지 방법이 있다. 바로 성과 기반과 연구 기반이다.

성과 기반은 자신이 이루어낸 성과나 특별한 경험을 정리해 책을 쓰는 것이다. 성공 스토리나 자전적 에세이가 대표적이다. 사회적으로 일정한 수준에 오른 사람이나 자신의 스토리를 알리려는 사람들이 출간한다.

연구 기반은 경험이나 성과가 없어도 그 분야를 연구(공부)해 책을 쓰는 것이다. 논문과 다른 점은 대중적으로 집필한다는 점이다. 서점에 가보면 연구 기반 책이 많다는 사실을 쉽게 알 수 있는데 문학 장르를 제외한 전 장르에서 출간되고 있다. 이제 막 입문한 1인 기업은 연구 기반 책 쓰기를 주목할 필요가 있다.

영화배우 명로진 씨. 그의 또 다른 직업은 작가다. 이미 41권의 도서를 출간한 베테랑 작가이기도 하다. 그의 책《물 속에서 아기를 낳으시겠다구요?》는 수중분만에 관한 책이다. 남자가 수중분만을 직접 경험할 순 없다. 하지만 명로진 씨는 부인의 임신 과정을 관찰하고, 수중분만에 관해 공부를 했다. 공부한 내용을 체계적으로 정리해 책을 출간한 것이다. 그의 책을 보면 대부분이 연구 기반의 책이다.

베스트셀러를 넘어 스테디셀러가 된《혼창통》의 이지훈 작가. 그의 또 다른 직업은 기자다. 유명 CEO를 만나며 인터뷰한 내용을 정리하다가 잘나가는 CEO와 기업들은 혼(魂), 창(創), 통(通) 세 가지를 고루 갖추고 있다는 공통점을 찾아내 책을 집필했다. 책에 나오는 어떤 기업도 이지훈 작가가 일했던 곳은 아니다. 말 그대로 인터뷰를 하고 공부하고 정리한 후 쓴 것이다.

이렇게 연구 기반으로 책을 내는 사람이 많다. 나만의 파이프라인을 만들겠다면 연구 기반으로 내 이름이 들어간 책을 내면 된다. 막연한 두려움을 걷어내고, 이제 책을 출간하는 방법을 자세히 알아보자.

책을 출간하는 데는 두 가지 방법이 있다. 기획출판과 자비출판이다.

기획출판은 작가가 직접 출판사에 원고를 투고하는 방식과 출판사가 기획 중인 책에 맞는 작가를 찾는 방식 두 가지가 있다. 초보 작가의 경우 출판사에 원고를 보내는 방법이 대부분이다.

기획출판의 경우 작가가 부담하는 비용은 없다. 대신 자비출판보다 인세가 적으며, 원고가 있다고 모두 출판해주는 건 아니다. 출판사도 기업이니 시장에 통용될 수 있는 원고를 선정해 출간한다. 기획출판을 생각 중이라면 대중성과 시장성을 충분히 고려해야 한다.

자비출판은 말 그대로 작가가 비용을 부담하는 출판이다. 금액은 분량, 출간 부수, 광고에 따라 천차만별이다. 작가가 비용을 부담하다 보니 인세는 기획출판보다 높은 편이다. 또 작가가 의도한 내용을 그대로 넣을 수 있다. 단 출판사는 이미 출간 비용을 받은 상태다 보니 표지 디자인이나 오 · 탈자 교정, 광고 등을 소홀히 할 수도 있다. 출판사 선택을 신중히 하고, 출판계약을 사전에 철저히 할 필요가 있다.

기획출판과 자비출판 중에서 역량, 출간 목적, 비용 등 다양한 여건을 고려해 자신에 맞게 선택하면 된다.

책 쓰기 순서는 일반적으로 콘텐츠 정하기, 제목과 목차 만들기, 집필, 탈고, 투고 및 계약 순으로 진행된다.

1. 콘텐츠 정하기

쓰고 싶은 분야의 시장성, 대중의 필요, 경쟁도서 연구로 콘텐츠를 정할 수 있다. 1인 기업의 경우 지금 하고 있는 분야나 앞으로 1인 기업을 하고자 하는 분야로 정하는 게 좋다. 쓰고 싶은 분야의 경쟁도서가 이미 많이 출간되었다고 포기할 일은 아니다. 기존 경쟁도서와 다른 관점으로 책을 펴내거나 같은 분야라 해도 나만의 노하우를 공개한다면 충분히 출간할 수 있다.

2. 제목과 목차 만들기

제목을 뽑는 데 많은 공을 들여야 한다. 같은 내용이라도 제목에 따라 판매 부수가 천차만별인 경우는 출판계에서 흔히 볼 수 있다. 제목 정하기가 어렵다면 경쟁도서를 유심히 연구하면 도움이 될 수 있다.

목차 만들기는 경쟁도서를 참고하면 많은 도움이 된다. 특히 목차 분량을 어떻게 해야 하는지에 대해 많이 어려워하는데 경쟁도서를 참고한다면 분량을 파악할 수 있다. 목차를 만들 때는 흐름을 흩뜨려놓는 내용이 없나 생각하며 작성해야 한다.

3. 집필

집필의 경우 A4용지(한글 프로그램, 10포인, 간격 160%)기준으로 120페이지가 단행본 분량이다. 어디까지나 평균적인 기준일 뿐 콘텐츠따라 페이지는 다르다.

4. 탈고

탈고는 집필 과정에서 생긴 난맥이나 오·탈자를 잡는 것이다. 탈고를 많이 할수록 원고의 수준의 높아지지만, 자칫 많은 에너지가 소모되고 출간 시기가 늦어질 수 있으니 자신에게 맞는 탈고 횟수를 정해 집중력 있게 하면 된다.

5. 투고 및 계약

기획출판이라면 기존된 출간된 책을 보고 판권 페이지에 나와 있는 출판사 메일이나 홈페이지 투고란에 원고를 보내면 된다. 정중한 자기소개와 출간의도를 첨부하여 투고하고, 원고가 선택되면 계약서를 꼼꼼히 읽고 계약을 하면 된다. 자비출판이라면 완성된 원고를 자비 출판을 맡아줄 출판사에 견적을 받고 출간하면 된다. 자비출판의 경우 표지 디자인이나 광고, 유통 등의 측면을 상세히 알아볼 것을 조언한다.

그 외 시중에 책 쓰기에 관한 많은 정보가 있다. 책 쓰기 관련 책을 참고해도 많은 도움이 될 것이다.

책 쓰기가 어렵다는 막연한 생각은 접어두자. 물론 책이 도깨비방망이 요술 부리듯 뚝딱 나오지는 않는다. 한 개인의 모든 노하우와 삶을 녹여야 하는 작업이다. 하지만 한 권을 세상에 내놓을 때마다 1인 기업으로서 내 가치가 높아지는 건 물론 세상에 흔적을 남긴다는 큰 의미도 있다. 1인 기업을 꿈꾼다면 내 사업 분야에서 꼭 책을 펴내라.

| 관련 사이트 |

• 중소기업청(1인 창조기업/ 컨설팅) http://www.smba.go.kr
• 씽크와이즈 http://www.thinkwise.co.kr
• (사)한국소셜네크워크협회 http://www.kosna.org

| 관련 저서 |

• 《부의 추월차선》, 엠제이 드마코, 토트출판사
• 《메신저가 되라》, 브렌든 버처드, 리더스북
• 《창업 지원금 공략법(시리즈)》, 이종훈, 행성:B웨이브
• 《한국의 1인 주식회사》, 최효찬, 한국경제신문사
• 《나의 첫 사업 계획서》, 사하 하셰미 · 보비 하셰미, 민음인
• 《부자들의 음모》, 로버트 기요사키, 흐름출판

: 5단계 :

수입원을 다각화,
집중화하라

일단 중요한 것은
살아남는 것이다

"직장만 아니면 세계를 여행하고 다닐 텐데…"

"배우고 싶은 게 너무 많아요. 하지만 직장 때문에 못 하고 있지요."

수입 파이프라인까지 마련했다면 이제 1인 기업으로 전환할 때다. 당당히 직장을 나와 꿈의 직업으로 전환했다. 이젠 늦게 일어난다고 회사에서 전화가 오거나, 사람들에 치이며 지하철을 탈 일도 없다. 하지만 1인 기업이 마냥 좋을 줄 알았는데 그게 아니다. 많은 1인 기업이 6개월을 버티지 못하고 다시 이력서를 쓴다.

보란 듯이 1인 기업을 선포했지만, 6개월도 못 버티고 직장을 알아보는 이유는 춤추는 수입과 자기절제 실패 때문이다.

한때 유행어가 되다시피 한 광고카피가 있다.

"열심히 일한 당신, 떠나라."

그동안 적성에도 안 맞는 일을 하느라 수고한 자신에게 해외여행 정도는 선물해야지 않을까 하는 바람이 허파에 솔솔 들어찬다. 퇴직금도 들어왔겠다, 어느 정도 목돈도 있잖은가. 1인 기업의 자유를 마음껏 만끽해야 하니 해외여행을 간다.

암기식 교육과 스펙전쟁 같은 대학 생활을 보내고 겨우 회사에 입사했고, 그동안 직장 다니느라 내가 공부하고 싶은 분야를 한 번도 공부하지 못했다. 1인 기업도 선포했고 하니, 전문가가 되기 위해 더 배워야겠다는 바람도 허파 한쪽으로 불어온다. 수백만 원을 호가하는 최고급 교육 코스를 접수해줘야지? 자신을 위해서, 앞으로 있을 고객들을 위해 배우는 것 같아 뿌듯하다.

이처럼 자신에게 해외여행 선물도 주고, 최고급 교육 코스에 접수하는 등 목돈을 마구 깨뜨려 쓴다. 수입은 춤을 추는데, 소비 패턴은 여전하다. 소비 패턴도 습관인지라 하루아침에 바꾸기는 어렵다. 여기에 자유 시간까지 많아져 평소 쌓였던 욕망을 푸느라 바쁘다. 몇 개월 후가 되면, 생존경비는 바닥이 나고 초보 1인 기업에게 일거리를 주는 곳은 많지 않다. 답답할 따름이다. '도전했다'는 위로만 받은 채 많은 1인 기업이 창피함을 무릅쓰고 다시 이력서를 쓴다.

1인 기업 입문 과정을 보면서 춤추는 수입과 자기절제 실패로 다시 직장에 들어가는 경우를 많이 봤다. 나 역시 마찬가지였다. 하루에도 수십 번 이력서를 쓸까 고민한 적도 있다. 지금도 별반 다르지 않지만, 나보다 어려운 상황에서 모든 걸 극복한 수많은 선배 1인 기업을 생각하며 참을 뿐이다.

월급의 매력은 그야말로 매혹적이다. 일정한 날짜가 되면 통장에 숫자가 찍혀 있다. 비록 카드값과 각종 공과금이 '퍼가요'를 해 잠깐 스쳐 지나갈 뿐이지만 월급의 매력은 마력에 가깝다. 그 마력에 사로잡힌 1인 기업은 춤추는 수입 때문에 대부분 무너진다. 특히 욕망의 소비인 무리한 해외여행과 과도한 교육비 지출로 생존경비가 예상보다 일찍 바닥나기 때문이다.

1인 기업으로 안착하기 위해선 여행과 교육의 욕망경비를 절제함은 물론 생존경비 계산과 그에 따른 소비절제가 꼭 필요하다. 소비절제를 하다 보면 부닥치는 문제가 품위 유지다. 원만한 대인관계를 위해 어느 정도의 품위 유지가 필요하지만, 직장인 시절과 같은 수준은 애초에 포기해야 한다. 우선 남들이 정상이라 생각하는 품위 유지를 다시 생각해볼 필요가 있다. 내가 생각하는 품위 유지가 1인 기업 생존 기간에 지대한 영향을 미친다면, 품위 유지 욕심을 줄이고 남들의 눈치를 기꺼이 감내하자. 1인 기업에게 생존 기간은 남의 눈치보다 훨씬 중요하기 때문이다.

1인 기업을 선포했다면 생존 기간에 필요한 금액을 계산하고 기간도 산출해야 한다. 일반적으로 1인 기업의 최소 안착 기간을 6개월에서 2년으로 잡는다. 그래서 나는 사람들에게 최소한 6개월을 버틸 돈이 있는지와 남들 눈치 안 볼 정도의 품위 유지 가능 여부, 월급의 매력을 뿌리칠 수 있는 마음 상태를 점검하라고 조언한다.

교육 기업 인사팀에 근무하다가 1인 기업을 선포한 Y 씨(38세). 인사팀에 근무하면서 산업 강사 인맥은 누구보다 많았고, 직장인 시절 1인 기업을 하면 도와주겠다는 사람도 많았다. 딩크(DINK, double income no kids)족이라 당장 월급이 없어도 양육비 지출이 없어 큰 부담은 없었다.

퇴사하고 퇴직금 6,000만 원에서 일부를 떼어내 아내와 해외여행을 떠났다. 그리고 강의의 기본 실력을 쌓기 위해 500만 원대 일대일 교육과정에 등록했다. 자유를 만끽하고, 교육과정을 이수하는 동안 어느덧 5개월이 흘러갔다. 그런데 도와주겠다고 약속한 사람들은 깜깜무소식이었고 예상했던 강의 의뢰는 없었다. 불안한 마음이 엄습해오고 주변 사람들의 눈치가 보이기 시작했다. 아내가 일을 하기 때문에 생활은 가능했지만, 왠지 모르게 철없는 행동을 한 건 아닌지 후회가 들면서 아내에게 미안했다.

그렇게 6개월이 흘러가자 더욱 불안해지기 시작했다. 6개월 전만 해도 섭외 담당자로서 강사들에게 대접받는 존재였는데, 이젠 어디에도 자신을 알아주는 곳은 없었다. 열심히 명함을 돌리면서 인맥이라 생각했던 곳을 찾아갔지만, 헛걸음하기 일쑤였다. 전화기는 마치 꺼져 있기라도 한 듯 울리는 일이 없었고, 일거리는 주어지지 않았다.

불안한 마음에 교육과정을 또 알아봤다. 강사아카데미에서 교육을 이수하면 파트너로 채용한다는 말을 믿고 퇴직금 일부를 또 교육비에 사용했다. 교육을 이수했지만 적은 금액의 강의만 몇 건 들어올 뿐 예상한 것만큼 강의는 들어오지 않았다. 곧 불혹이니 재취업도 힘들 것 같다는 불안감에 결국 1년도 못 버티고 다른 교육회사로 입사했다.

Y 씨의 경우 교육비에서 무리한 지출을 했고, 1인 기업 선포 후 기분을 만끽하기 위해 해외여행을 가면서 멋진 장밋빛 1인 기업의 모습을 상상했다. 하지만 수입을 내는 방법으로 오직 강의만 생각했고, 강의수입이 생각보다 많지 않아 실망이 매우 컸을 것이다. 아이도 없고 아내가 생활비를 벌었기에 당장 먹고살 걱정은 없었지만, 춤추는 수입과 충동적 소비로 불안감을 못 이겨 결국 입사를

선택한 것이다.

  1인 기업은 직장에 벗어나 자신에게 맞는 직업을 찾는 과정일 뿐이지 '생존'이란 대명제에서까지 벗어난 건 아니다. 처음 1인 기업을 할 때 자신이 가진 금액으로 얼마나 버틸 수 있는지 누구나 계산을 한다. 이 기본적인 계산 없이 충동적으로 1인 기업을 하는 사람은 없다. 문제는 눌려 있던 욕망을 충족시키고 품위 유지를 위해 예상 소비금액을 훨씬 넘겨 생활하기 때문에 발생한다. 처음에는 장밋빛 기대가 눈을 흐려놓지만, 몇 개월도 안 돼 통장 잔고가 바닥을 보이면 대번에 불안감이 시작된다. 남의 눈치를 볼 수밖에 없는 우리나라 문화 특성상, 나는 1인 기업이라 하는데 남들은 백수나 몽상가로밖에 보지 않는다. 결국, 이력서를 가다듬고 취업을 고민한다.

  기본적으로 1인 기업은 남들이 생각하는 길과는 다른 길을 가는 사람이다. 남들은 아침에 출근해 저녁에 퇴근하고, 주말에 늘어지게 늦잠을 자고, 여름휴가는 무조건 바닷가나 해외여행을 가주는 삶을 살지만 '꼭 그래야 정상인가' 하는 질문을 던지는 사람이 1인 기업이다. 1인 기업은 정상의 기준을 스스로 정립하는 사람들이다. 춤추는 수입 때문에 남들에게 비정상으로 보일 수도 있겠지만,

그건 어디까지나 다른 사람의 눈일 뿐이다. '나는 내 식대로 살아간다'라는 마음을 유지한다면 불안한 마음을 잡을 수 있다.

여기에 1년 내내 같은 금액으로 수입이 들어오지 않기 때문에 소비도 맞춰가야 한다. 품위 유지를 위해 일정하게 나가는 금액을 재정립해 소비를 잡아야 한다. 그리고 욕망을 충족시키는 소비로부터 자신을 보호해야 한다. 그러면 최소 생존 기간이 늘어나 1인 기업으로 안착할 수 있는 기간도 더 늘어난다.

1인 기업은 외롭다. 조직의 보호 없이 뭐든지 혼자 해야 할 뿐 아니라 매월 같은 날짜에 통장에 돈이 찍히지도 않는다. 일거리가 많으면 통장 잔고가 늘어나고, 일거리가 없을 때는 앞에 마이너스가 붙기도 한다. 하지만 내 식대로 살아가기 위해선 춤추는 수입에 불안해선 안 된다. 자기절제를 통해 1인 기업으로 안착하자. 어느 직종이든 처음 안착이 어려울 뿐, 일단 안착에 성공한 후에는 처음 생각했던 1인 기업의 모습으로 나아가기가 훨씬 수월해진다.

:: **02** ::

폭넓은 출발로
경험자산을 쌓아라

내가 평일 낮에 카페에서 책을 쓰거나 칼럼을 쓴다고 말하면 친구들은 부럽다고 한다. 몇 권의 책과 노트북이 있는 테이블에 아이스커피 한 잔, 분위기 있는 음악까지 갖췄으니 부러워할 만도 하다. 하지만 그렇게 보일 뿐이다. 내 속은 아무도 모른다.

오늘까지 마감을 못 하면 돈이 안 들어오고, 강의를 나가면 내 강의 평가점수가 몇 시간 후에 이메일로 날아온다. 열어볼 때마다 두근거린다. 문화센터에서는 사람 모을 방법 좀 없냐며 수시로 전화가 오고, 일정한 주기로 책을 펴내지 못하면 사람들 사이에서 잊히고 말기에 끊임없이 콘텐츠를 개발해 출간해야 한다. 집에서 작업하다가 오죽 답답하면 카페에 갈까 하는 생각은 남들은 못 할 것이다. 1인 기업도 보이는 게 전부가 아니라는 선배 말씀이 새삼 생각난다.

보이는 게 전부가 아닌 1인 기업을 처음 시작할 때 가장 힘들게 하는 건 수입이다. 자유롭고 자기 주도성을 가지고 일을 한다고 하지만, 수입이 없다면 1인 기업이 아니다. 어디나 마찬가지지만 이미 괜찮다고 소문이 난 분야는 벌써 그 분야의 고수들이 한자리를 차지하고 있다. 괜찮다고 소문이 난 분야에 들어가면 내가 설 수 있는 자리가 많지 않다. 어쩌면 고수들 틈에서 그들이 물러나길 기다려야 하는 신세로 전락할 수 있다.

얼마 전부터 경영 분야에서 '선택과 집중'이라는 용어가 더욱 강조되고 있다. 한동안 여러 대기업이 문어발식 사업을 하다가 무너지는 현상을 많이 봐서 이젠 핵심을 선택하고 집중하는 게 경영의 큰 흐름인 것 같다. 1인 기업도 언젠가는 '선택과 집중'을 통해 자신의 브랜드와 핵심 상품을 만들어야 한다. 그렇지만 고수들이 쟁쟁한 1인 기업 분야에서 '선택과 집중'만으로 수입을 얻기에는 한계가 있다.

3D 프린트 청년 창업 지원을 전문적으로 하는 K 대표. 대학교 때

정부 지원을 받아 친구와 대학교 인큐베이터에서 3D 프린트 사업을 시작했지만, 캐릭터 제작 3D 프린트 시장은 이미 성숙기에 접어들고 있었다. 아무리 젊은 감각으로 캐릭터를 내놓아도 마케팅에서 기존 업체를 따라잡을 수 없었기에 고전을 면치 못했다. 결국 동업한 친구에게 사업을 맡기고 독립을 선언했다.

그가 할 수 있는 일은 취업을 하거나, 3D 프린트 사업 관련 컨설턴트로 1인 기업을 하는 거였다. 고민 끝에 취업은 답이 되지 않음을 알고 컨설턴트의 길로 들어섰다. 공교롭게도, 그 시기에 미국의 오바마 대통령이 3D 프린트가 미국 경제에서 핵심 동력임을 강조하는 발표를 하면서 3D 프린트 사업 컨설턴트도 많이 늘어났다. 그는 심사숙고 끝에 3D 프린트로 할 수 있는 모든 일을 해보자는 막무가내 정신으로 문어발 사업을 시작했다. 그가 다루는 분야는 첨단이지만, 정신은 18세기 산업혁명기 것이었다.

설계와 디자인을 직접 했고, 3D 프린트 설치 보조, 컨퍼런스 보조, 예비 창업자 교육, 공학잡지 칼럼 투고 등을 하면서 수입을 늘렸다. 다섯 가지를 동시에 진행하다 보니 직함도 많이 생겼고 3D 프린트사업의 전체적인 흐름을 이해할 수 있었다고 한다. 그 후 자신에게 가장 맞는 예비 창업자 교육에 집중하기 시작했고, 지금과 같이 대학과 제휴해 청년 창업 지원까지 올라갈 수 있었다.

1인 기업을 처음 시작할 때는 K 대표처럼 수입원을 다각화해야
한다. 그 분야 중에 자신에게 맞는 일이 있다. K 대표는 예비 창업
자 지원 컨설팅을 선택했고, 그 일에 집중해 입지를 굳힌 것이다.

수입원을 다각화하는 과정에서 1인 기업에게 주의할 점이 두 가
지가 있다.

첫 번째는 최소 연관성이 있어야 한다는 것이다.

다각화로 돈을 번다고 하지만 아르바이트 개념은 아니다. 지금
하고 있는 분야와 최소한의 연관성은 있어야 한다. K 대표의 경우
칼럼 기고도 3D 프린트와 관련해서만 했고, 육체를 많이 쓰는 설
치 일도 마찬가지였다. 이런 연관성을 놓치지 않았기에 전체적인
흐름을 이해하는 데 큰 도움을 얻은 것이다.

두 번째는 심리적 독립을 유지할 수 있는 일인지 판단해야 한다
는 것이다.

수입원을 다각화하는 이유는 생존 기간을 늘리면서, 전체적인
흐름을 파악하고, 수입을 창출하는 많은 방법 중 집중화할 것을 찾
기 위해서다. 이 모두를 판단하고 행동하는 건 스스로 해야 한다.
종종 생존 기간을 늘리는 데만 급급해 심리적 독립을 포기하는 경
우가 있다. 하지만 일정한 시간이 흐르면 나에게 맞는 것을 선택해
집중해야 한다. 심리적 독립을 유지하지 못해 선택과 집중을 해야

할 때 행동하지 못하는 사람도 있다. 그랬다가는 시간이 갈수록 자신의 주특기가 없이 시류에 따라 흘러가는 1인 기업이 될 가능성이 있다. 여기에서도, 물리적 거리는 어쩔 수 없다 하더라도 심리적 독립만큼은 유지하자.

직장인 시절 CS(고객만족) 강의를 시작으로 1인 기업 선포 후 아카데미를 운영하고 있는 Y 대표. 처음 독립을 선언하고 6개월간 강의 의뢰가 없어 취업을 할까 고민했었다. 하지만 남편의 도움으로 조금만 더 버티자는 마음으로 8개월이 흘렀다. 서서히 강의 의뢰가 들어왔지만 CS 분야와 다소 거리가 있는 스피치, 소통, 동기부여, 이미지관리 등 너무나 다양한 분야였다. 우선 해보자는 마음으로 공부하면서 강의를 진행했다. 분야가 달라 준비 과정에서 고생은 했지만, 실제 강의에서 호평을 받았다. 그 후 더욱 범위를 넓혀 산업안전까지 강의하게 되었다.

그런데 어느 날, 다양한 분야의 강의가 수입은 창출되지만 '나' 브랜드를 만드는 데는 도움이 안 된다는 생각이 들었다. 그 후부터는 CS, 스피치, 소통 분야만 강의하고 나머지 강의 의뢰는 정중히 사양하면서 심리적 독립을 유지했다. 강의가 없는 나머지 시간에는 저서 집필에 들어갔다. 저서 계약에 성공하자 이를 바탕으로 강사 양성 과정을 신설하는 등 수입원의 집중화에 주력하고 있다.

만약 그녀가 처음부터 다양한 분야의 강의를 나가지 않고 오직 한 분야만 고집했다면 춤추는 수입 때문에 다시 직장에 들어가야 했을 것이다. 그녀는 최소의 연관성은 있되 경험하지 못한 분야를 공부해서 강의를 나갔고, 경험이 쌓이자 스피치 분야와 소통 분야로 집중했다. 또 일정 기간 심리적 독립을 유지하기 위해 다른 분야의 강의는 거절하고 남은 시간에 저서 집필과 교육과정 신설 등 개인 브랜드를 만드는 경지까지 올라갔다.

이처럼 다각화한 수입원은 1인 기업의 생존 기간을 늘리는 건 물론 지금 하는 일의 연관성을 찾고, 자신에게 가장 맞는 수입 방법을 찾아 집중하게 해주며, 나를 브랜드화하는 방법이 된다.

1인 기업은 누구나 문어발 사업가로 시작한다. 자신의 분야 안에서 수입을 창출할 수 있는 일을 모두 해야 한다. 경험도 늘릴 수 있고, 생존 기간도 늘릴 수 있다. 그 수많은 수입 창출 과정에서 자신에게 맞는 일을 선택하여 집중하면 된다.

어느 분야든 선택과 집중이 중요하다. 하지만 선택과 집중 이전에 수입원을 다각화한 경험이 있었다는 사실을 잊지 말자. 춤추는 수입 때문에 마음이 불안하다면 다각화한 수입원으로 극복하고, 일정한 시간이 흐르면 그중 하나를 선택해 집중하면 된다. 1인 기업에게 문어발 사업은 큰 기회다.

:: **03** ::

하나에 집중하여
전문성을 높여라

    다각적으로 수입을 창출했다면 이젠 자신에게 가장 잘 맞는 수입원을 찾아 집중해야 한다. 수많은 1인 기업을 지켜보며 크게 다섯 가지 범위로 수입을 창출한다는 공통점을 발견했다. 이 범위를 생각해 자신에게 가장 잘 맞는 방법을 고민해 집중하자. 고민 끝에 얻은 결론으로 선택과 집중 전략을 취한다면 강력한 '나' 브랜드를 형성할 수 있다.

  1. 직접 판매

    상품을 면대면으로 직접 판매하는 방법이다. 직접 만나서 해주는 컨설팅이 될 수 있으며, 손 기술을 발휘해 만든 상품을 직접 판매하는 방식도 여기 해당한다.

2. 간접 판매

주로 온라인상의 판매를 들 수 있다. 인터넷쇼핑, 온라인 상담, 동영상 판매 등 직접 만날 필요가 없이 판매하는 방식으로 수입을 만들어낸다.

3. 보조자 역할

같은 분야에 일하는 사람을 도와주면서 수입을 창출하는 것으로 기술 계통에서 많이 보인다. 고용관계가 아니므로 시간은 자유롭다.

4. 글쓰기

글쓰기는 1인 기업 전 분야에서 수입원을 다각화하는 데 사용된다. 또한, 글쓰기 단독으로만 1인 기업을 하는 경우도 많다. 주로 기고나 출간으로 수입을 창출한다.

5. 강연

강연도 글쓰기와 마찬가지로 1인 기업 전 분야에서 수입원을 다각화하는 데 사용된다. 스스로 사람을 모집해 강연하는 경우와 초청을 받아 강연하는 경우가 있다.

이렇게 다섯 가지 범위에서 수입원을 다각화할 수 있다. 이 범위에서 자신에게 가장 맞는 걸 찾아 집중하면 된다. 나에게 맞는 범위를 선택하는 방법은 천직 찾기 과정과 비슷하다. 일정 기간 자신을 지켜보는 시간이 필요하며 다음과 같은 질문으로 찾을 수 있다.

첫 번째는 내 인생의 대표작을 어디서 내놓을 것인가이다.

단순히 취미로 하는 1인 기업은 존재하지 않는다. 성공한 1인 기업을 보면 종교적 헌신에 가까운 노력을 하며 나름의 철학을 가지고 일한다. 다섯 가지 분야 중 내 인생의 대표작을 낼 수 있는 분야를 선택하면 된다.

두 번째는 흥미보다 온전히 몰입할 수 있는 것이 무엇인가이다.

이 부분을 상담하다 보면 자신이 흥미를 느끼는 분야를 말하는 사람이 많다. 만약 흥미가 떨어진다면 어떻게 하겠는가? 흥미가 바탕은 되지만 몰입하는 분야를 찾아야 한다. 몰입하는 분야를 찾아 집중해보자. 나는 몰입하는 분야를 '강렬한 애증'이 있는 분야라고 부른다. 나도 모르게 몰입을 느끼는 분야를 선택하면 된다.

세 번째는 우선순위에서 수입은 둘째라는 것이다.

다섯 가지 분야 어디든 강렬한 애증을 가지고 있고, 거기서 대표작을 내놓는다면 수입은 따라온다. 그런데 수입(결과)에 집착하다 보면 과정이 괴로워진다. 과정이 괴로운데 결과가 좋을 리 만무하다. 수입을 배제할 순 없지만 집착하지 않는 유장한 마음으로 선택해야 한다.

1인 기업 강의에서 수입원을 다각화한 후 집중 분야를 선택할 때 고려해야 할 점 세 가지다. 상담할 때 보면 이 조언에 대해 많은 사람이 어려워한다. 그만큼 천직의 선택과 집중은 1인 기업에게 심원한 부분인 것 같다. 데이터화할 수 있는 직업, 기질, 성격을 테스트해도 선택과 집중 분야를 찾는 데 참고만 될 뿐 절대적이지 않다. 이 부분의 답은 오직 스스로만 알고 있다. 수입에 대한 고민을 내려놓고 대표작을 내놓는다는 마음으로 선택해 집중하면 답을 찾을 수 있을 것이다.

다섯 가지 분야에서 집중할 대상을 찾았다면 집중할 방법을 알아보아야 한다.

1. 직접 판매
직접 판매 특성상 대량 판매가 힘들다. 소수에게만 판매할 수 있다. 그러므로 고가로 판매할 방법을 찾아야 한다. 홍보에서는 SNS

활용을 잊지 말아야 한다. 또한 면대면으로 판매가 이루어지기 때문에 대인관계에서 받는 상처는 어느 정도 감내해야 하며 기본 매너와 설득 능력, 공감 능력을 길러야 한다.

2. 간접 판매

간접 판매는 인터넷 판매이기 때문에 소비자 평판에 주의해야한다. 또한, 24시간 판매할 수 있도록 시스템을 구축해야 한다. 특히 최신 트렌드에 민감하므로 트렌드를 읽는 능력을 기를 필요가 있다.

3. 보조자 역할

보조자 역할을 하는 것은 궁극적으로 주도하는 사람과 같은 경지에 올라 독립하는 게 목적이다. 보조자 역할로 수입을 창출하고 있고, 일을 도와주면서 강렬한 애증을 느낀다면 언젠가는 독립할 거라는 마음으로 배우자. 또한 보조자로서만 재미를 느끼는지, 내가 일을 주도했을 때도 강렬한 애증을 느끼는지 판단해야 한다. 보조일 때는 애증을 느꼈지만 스스로 주도할 때는 애증이 사라지는 경우가 있다. 보조일 때는 부담이 없으므로 재미가 있지만, 자신이 주도할 때는 부담에 짓눌리기 때문이다. 스스로 주도할 때도 애증을 느낀다면 집중시켜 독립할 수 있도록 해야 한다.

4. 글쓰기

모 대학의 1인 기업 과정 중 칼럼니스트 과정이 생길 정도로 많은 1인 기업이 글쓰기의 중요성을 인식하고 있다. 예비 1인 기업에게 1인 기업 능력 중 가장 중요한 능력을 선택하라고 하면 스피치와 글쓰기라 답한다. 글쓰기에 강한 애중을 느낀다면 1인 기업에게 중요한 능력에 애중을 느끼는 것이다. 그만큼 글쓰기는 1인 기업에게 강한 무기다.

글쓰기만 집중하고 싶다면 글쓰기 안에서도 다양한 능력을 겸비해야 한다. '대중 집필 시대'가 열리면서 독자의 수준은 상상 이상으로 올라갔다. 우선 콘텐츠가 얼마나 신선한지 고민해야 한다. 또한, 트렌드가 변화되면 변화에 따라 충분히 결과를 낼 수 있어야 한다.

예를 들어 몇 년 전부터 '청춘'이라는 단어가 트렌드였다가 중년의 위기로 인해 '40대', 치유가 강조되면서 '힐링', 박근혜 정부가 들어서면서 '행복'이 트렌드로 되었다가 다시 '인문'이라는 트렌드가 형성되고 있다. 이처럼 글쓰기도 트렌드에 민감할 수밖에 없다. 트렌드를 읽는 능력을 기르고, 트렌드를 주도하자. 그래서 전문 작가, 칼럼니스트, 프리랜서 기고가 등 자신의 위치를 명확히 한다면 더 세분화한 분야에 집중할 수 있다.

5. 강연

강연에 집중하기 위해선 스피치 능력과 콘텐츠 개발 능력, 퍼포 먼스 능력에 집중할 필요가 있다. '전 국민 강사 시대'로 들어섰기 때문에 기존 강연 1인 기업과 경쟁하기 위해서 나름의 차별화(저 서, 대중 인지도, 특별한 콘텐츠)가 되어야 한다. 강연에 필요한 스피 치, 콘텐츠, 퍼포먼스 능력을 키우고 나만의 차별화 전략을 세우면 강연 1인 기업으로 안착할 수 있다.

다각화된 수입원에 만족한다면 1인 기업에게 중요한 개인 브랜 딩은 없다. 일정한 때가 되면 수입원의 집중화가 필요하다. 다섯 가지 다각화된 수입원에서 자신에게 맞는 분야를 찾아 집중할 수 있도록 하자. 집중 분야에 강렬한 애중을 갖고 종교적 헌신, 삶의 대표작을 내놓는 마음으로 일한다면 누구나 존경받는 1인 기업이 될 수 있을 것이다.

:: **04** ::

아웃소싱으로
시간을 벌어라

어느 날 경제 전문 TV 채널을 보는데 냉면육수 비법을 파는 사람이 나왔다. 그가 냉면육수 비법을 알려주는 시간은 20분 남짓이지만, 비법 전수로 받은 돈은 중소기업에 다니는 직장인 연봉과 비슷했다. 무슨 비법인지 몰라도 냉면육수가 맛있다며 손님들은 칭찬을 아끼지 않았고, 자연스럽게 매출 상승으로 이어졌다. 보통 사람은 300일 가까이 일해야 버는 돈을 그는 20분도 안 걸려 번 것이다. 그는 육수 비법 전수를 통해 시간을 판 게 아니라 비법(가치)을 판 것이다. 이렇게 우리 주변에는 시간을 팔지 않고, 가치를 파는 사람이 많다.

투자의 귀재로 불리는 워런 버핏. 매년 자선단체 기부행사로 그와 점심을 함께할 기회에 대한 경매가 뉴스 1면을 장식한다. 그와의 점심 기회를 구매한 사람은 지인 일곱 명과 함께 점심을 먹고 세 시간 남짓 이야기를 나눌 수 있는데, 2014년에는 22억 원에 낙찰되었다. 한 끼 식사에 22억 원이라는 거액이 들지만, 워런 버핏과 이야기를 함께한다는 가치와 자신을 홍보할 기회라는 점 때문에 그 돈을 쓰는 것이다.

22억짜리 한 끼 식사처럼 1인 기업도 시간을 파는 사람이 아니라 가치를 파는 사람이다. 고객이 오랜 시간 고민한 내용을 단 몇 분의 가치로 해결해주고, 더 큰 손실이 나지 않게 몇 분의 가치로 조언하며, 쉽게 숙달되지 않는 기술을 단 몇 분의 가치로 숙달시켜주는 게 1인 기업이다.

이렇게 가치를 팔기 위해 중요한 것이 있다. 바로 일정한 시간이다. 이 시간은 숙달을 위한 연습 시간이 될 수 있으며, 판매와 홍보를 위한 시간이 될 수도 있다.

이런 시간을 확보하기 위해 모든 걸 혼자 해내기보다 내가 하고 있는 일부분을 넘기는 아웃소싱 전략이 현명하다. 또 거대자본으로 무장한 기업이 내가 하고 있는 분야를 선점하기 전에 발빠른 의사결정과 판단, 행동이 필요하고 소비자 요구를 맞추기 위해 시간 단축이 필수다. 시간 단축을 위해서라도 아웃소싱이 필요하다.

1인 기업에게는 제작 · 포장 · 유통, 콘텐츠 개발, 스마트폰 SNS 관리, 홈페이지 · 블로그 · 카페 제작 및 관리, 고객 모으기, 일대 일 상담, 강연장 대관, 플래카드 디자인, 홍보물 제작 · 배포 등 많은 일이 필요하다. 이 모든 일에서 만능이 되겠다는 욕심은 시간과 에너지를 갉아먹는다. 1인 기업도 기업이다. 아웃소싱으로 시간과 에너지를 보호할 필요가 있다. 보호된 시간과 에너지를 핵심 가치에 집중하고, 판매에 주력해야 한다.

1인 기업 강의에서 아웃소싱에 대해 "핵심만 남기고 다 맡겨라"고 자주 말한다. 여기서 말하는 핵심은 대표 네이밍(naming)이다. 즉 대표 네이밍을 바탕으로 만든 상품은 직접 작업하고 나머지를 아웃소싱하라는 뜻이다.

나의 경우 1인 기업 관련 컨설팅과 강의, 집필은 직접 한다. 내 이름을 걸고 하는 대표 네이밍이기 때문이다. 하지만 블로그 제작, 강연 플래카드 제작 등 디자인 감각이 필요한 일들은 맡겨버린다. 관련 프로그램을 다루지 못하고, 디자인 감각이 뛰어난 전문가들이 훨씬 많기 때문이다. 프로그램을 배우고, 디자인 감각을 키우는 시간보다 맡기는 게 시간이 절약되며, 나는 그 시간에 책을 쓰거나 독서를 하며 다음 콘텐츠를 구상하는 것이 현명하다고 생각한다.

1인 기업이라면 그를 대표하는 네이밍이 있고, 네이밍에서 나오는 상품이 있다. 그것을 빼고 다 맡기면 된다. 또 아웃소싱을 할 때는 '믿었으면 맡겨라'라고 말하고 싶다. 열심히 번 돈으로 아웃소싱을 주는 일이라 선택에는 화비삼가(貨比三家, 세 곳 이상 비교하고 선택한다) 정신이 필요하다. 하지만 결정을 한 이상 확실한 주문을 하고, 믿고 맡겨야 한다. 결정을 후회할 시간에 내 콘텐츠를 점검하는 게 더 현명한 방법이다.

아웃소싱이 일반화되면서, 1인 기업에게도 큰 기회가 생기고 있다. 모든 걸 해야 한다고 생각하지만 그럴 수 없는 1인 기업에게 아웃소싱은 시간을 버는 최대의 무기가 될 것이다. 모든 걸 혼자 해야 한다는 과욕을 부리면 딱 혼자 할 수 있을 만큼만 성장할 수 있다. 세상에는 전문가들이 즐비하다. 전문가들의 도움을 기꺼이 받고, 합당한 금액을 기꺼이 지불하자. 그리고 시간과 에너지를 지키자. 지킨 시간과 에너지를 나의 대표 네이밍 상품에 집중하면 된다. 그렇게 하면 시간이 아니라 가치를 파는 1인 기업이 될 수 있다. 핵심만 남기고 다 맡겨라.

| 관련 사이트 |

• 멀티잡 http://www.multijob.co.kr/

• 창업지원센터(세무 관련) http://sullip.com/startup/

• 아웃소싱타임스 http://www.outsourcing.co.kr

• 에듀시디(온라인 판매 제작 교육) http://educd.co.kr

| 관련 저서 |

•《왜 나는 항상 결심만 할까?》, 켈리 맥고니걸, 알키

•《당신은 사업가입니까》, 캐럴 로스, 알에이치코리아

•《좋은 기업을 넘어 위대한 기업으로》, 짐 콜린스, 김영사

•《사장으로 산다는 것》, 서광원, 흐름출판

•《골목사장 분투기》, 강도현, 북인더갭

•《1인 회사》, 수희향, 생각의나무

: 6단계 :

지속 성장의
토대를 닦아라

::: 01 :::

모든 선택은
대전략의 관점에서

우리는 하루에도 수십 개의 기업이 생기고 없어지는 모습을 지켜보고 있다. 사업을 시작해 모두가 성공할 수 있다면 좋겠지만, 실상은 그 반대다. 굳이 통계까지 내세우지 않더라도 새로 개업한 음식점이 몇 개월 만에 간판이 바뀌는지를 보면 알 수 있다. 전봇대마다 폐업했으니 물건을 싸게 사가라는 홍보지가 지저분하게 붙어 있다.

사람들은 삼삼오오 모이면 무슨 사업이 괜찮다고 말하고, 어디는 무엇 때문에 망한 것 같다고 평가한다. 이런 걸 보면 사업의 부침(浮沈) 현상은 우리의 일상적인 모습으로 변한 것 같다. 예전에

비해 사업을 시작하기 쉽다고 인식한다는 점과 '대표'니 '사장님' 이니 하는 직함이 주변에 흔하기 때문이다. 하지만 사업을 유지하는 건 상상을 초월하는 선택의 압박과 남 모르는 눈물로 가능하다.

예전에 종업원이 네 명뿐인 회사에서 일한 적이 있었다. 부족한 일손은 단기 아르바이트로 메우고, 선택과 집중으로 특화된 기술 제품을 파는 회사였다. 제품 A/S까지 할 수 있는 사람이 적다 보니 종업원은 물론 사장님도 직접 발로 뛰어야 했다.

이런 특징 때문에 사장님과 출장을 자주 나갔다. 그래서 갑과 을의 관계를 지켜볼 기회가 많았고, 나에게는 경영이란 무엇인가를 생각해볼 수 있는 좋은 기회이기도 했다.

A/S의 생명은 신속함이다. 사장님은 현장에서 절대 걷지 않았고 늘 뛰어다녔다. 고객을 기다리게 한다며 내 발이 느리다고 자주 말씀하셨다. 자기가 잘못해놓고 기계 잘못이라 우기는 사람들 때문에 고가의 부품 교체도 무료로 해줄 수밖에 없었다. 제품을 한 대라도 사주는 사람이기에 말도 안 되는 점을 지적해도 죄송하다며 고객을 숙이는 일이 많았다. 을의 생존법을 사장님을 통해 자주 볼 수 있었다.

회사 안에 있을 때도 사장님은 갑이 아니었다. 낮에는 제품 상담과 행정 문제를 직접 처리했고, 다 퇴근하고 아무도 없는 사무실에 혼자 남아 다음 제품을 연구했다. 드라마에 나오는 경영자 로망 따위 없었고 하루하루 피 말리는 경영자의 모습이 있었다.

　기회가 있어 사장님께 규모 확장에 대한 생각을 물어봤다. 사장님도 직접 다 발로 뛰며 일할 때마다 혼자 감당하기 어려워 확장을 고민하기도 했지만, 특화된 기술 제품을 만들어 파는 회사에서 무리한 확장은 큰 위험이 있다는 사실을 깨달았다고 한다. 제품이 대중적이지 못하고, 확장을 빌미로 고객 기업이 단가 조정(일명 단가 후려치기)을 요구한다면 오래 못 갈 거라 판단했다. 또한, 이 분야에서 15년 이상 일한 사람으로서 직접 발로 뛰는 게 현장 감각도 놓치지 않고 트렌드를 파악할 수 있으니 확장은 천천히 하는 게 좋다는 얘기였다.

　기업의 1순위 목표는 이익 창출이지만 '생존'이라는 문제는 0순위 목표다. 지금 돌이켜 보면 남들 눈에는 규모가 작을지 몰라도 대한민국에서 5년 이상 버티는 기업의 비율을 볼 때 상황에 맞게 최대한 작게 운영하고 천천히 규모를 늘리는 것이 15년 넘게 생존할 수 있었던 사장님만의 경영 대전략이라 생각된다. 그 덕에 IMF와 서브프라임 모기지 사태 등 나라 경제가 휘청일 때도 끄떡하지 않고 기업을 일구어나가고 있다.

　사장님 말고도 생존이라는 0순위 목표를 달성하는 수많은 경영자를 만나보면 결정의 압박을 대전략의 눈으로 극복함을 알 수 있다. 여기서 말하는 대전략의 눈은 '다음 목표'의 모습을 생각하는 넓은 시야를 말한다. 마찬가지로 1인 기업도 결정의 순간이 올 때 항상 대전략의 눈을 가져야 한다.

기업 경영에서는 이성과 직관이 언제나 함께 존재한다. 어떤 경영자는 철저한 분석과 냉철한 이성으로 앞의 방향을 결정하고, 어떤 경영자는 참모들이 숫자를 근거로 말려도 자신의 직관으로 끝까지 밀고 나가 보란 듯 성공한다.

이벤트를 넘어 지속해서 1인 기업을 유지해나가고 싶다면 이성과 직관 모두가 필요하지만, 중요한 결정에는 '다음 목표'를 염두에 두는 대전략의 눈이 필요하다. 1인 기업의 경우 선택의 상황에서 조언은 구할 수 있어도 결정과 책임은 오직 자신의 몫이다. 그만큼 1인 기업은 외롭고, 힘들다. 하지만 결정을 내가 한다는 건 내가 내 삶의 주인이며, 나의 권리를 행사하는 것이라는 생각도 함께 가질 필요가 있다.

1인 기업에게 필요한 대전략의 눈은 선견지명을 바탕에 두고 있다. 즉 자신이 1인 기업을 왜 하는가 하는 궁극의 목표에 초점을 맞추고 앞으로의 모습을 생각하고 결정한다. 이 행동이 '다음 목표'에 도움이 되는지, 이 결정이 '궁극의 목표'에 부합하는지 판단하며 결정하는 것이 대전략의 눈이다.

이 대전략의 눈을 실천하기 위해서는 때에 따라 손해도 감내해야 하며, 인간관계에서의 상처도 감내해야 한다. 궁극의 목표에 초점이 집중되기 때문에 손해나 상처를 쉽게 잊을 수 있다. 또 하나 유념해야 할 점은, 단기간에 이룬 성취에 도취해 무리하게 뻗어나가거나 스스로 자만하지 않아야 한다는 것이다. 궁극의 목표 달성은 아직 멀었고, 세상에는 나보다 지식과 경험이 풍부한 사람이 넘치기 때문에 도취하거나 자만할 시간이 없다.

1인 기업은 무언가 결정할 때 조언해줄 수 있는 사람이 참모처럼 존재하는 것도 아니고, 새로운 분야를 개척하는 1인 기업의 특성상 내가 하는 일을 정확히 아는 사람도 드물다. 이런 이유로 1인 기업은 어떤 경영자보다 대전략의 눈을 가지고 결정하는 훈련을 해야 한다. 또 대전략의 눈은 1인 기업뿐만 아니라 선택의 연속인 삶에 큰 도움을 준다.

대전략의 눈은 명확하고 세부적이며 목적의식이 있는 목표를 재정립하는 것으로 시작된다. 우리는 계획적이고 철저히 체계적으로 선택한다고 하지만 실상은 명예, 안정, 기쁨 같은 더 크고 추상적이며, 낭만적인 것을 추구한다. 이러한 모호한 것들로 인해 선택의 기준이 흐려질 수 있으며 직관을 뛰어넘는 흥분된 감정으로 잘못된 결정을 할 수도 있다. 지속해서 1인 기업을 유지하고 싶다면, 세부적인 목적의식을 재정립해 불분명한 것들이 눈을 흐리는 걸 방지해야 한다.

또 대전략의 눈은 선견지명을 기본으로 하기 때문에 어느 정도 미래를 예측해야 한다. 하지만 우리는 '현재'만 살아가는 존재로 '미래'는 우리의 영역이 아니며 신의 영역이다. 다행히 우리는 '~일 것이다'라는 예측이 가능하며, 어떤 사건이 일어날 때 인과관계를 헤아리거나 비슷한 사건의 공통점을 찾아내는 능력을 가지고 있다. 그리고 사건의 표면만 보고 판단하기보다 근원적 문제를 보는 능력도 갖추고 있다. 즉 미래를 살진 못해도 어느 정도는 미래를 예측할 수 있는 능력을 지닌 것이다.

대전략에 자주 쓰이는 미래 예측 기술은 시나리오 기법이다. 이미 산업안전 등 많은 분야에서도 시나리오 기법이 사용되고 있다. 시나리오는 사건이 터졌을 때의 대응으로 활용되지만, 1인 기업의 시나리오는 사건이 터진 후 대응하는 게 아니라 무언가 결정을 할 때 사용된다. 즉, 이 결정을 했을 때 어떤 일이 발생할까 하는 점을 미리 시나리오화해서 결정하는 작업이다. 시나리오의 한계를 규정하지 말고 마음껏 상상하고 상상해 최적의 결정을 할 수 있어야 한다.

많은 1인 기업이 잘못된 결정 때문에 1회성 이벤트로 끝나고 마는 경우를 많이 본다. 결정의 순간에 '이걸 해라'라고 누군가 결정해주면 좋겠지만, 1인 기업 세계에 그런 존재는 없다. 조언은 구할 수 있어도, 결정을 할 수 있는 존재는 오직 자신뿐이다. 자신이 한 결정으로 한 단계 업그레이드할 수도 있고, 다시는 회복될 수 없는 상태로 전락할 수도 있다. 그래서 선택은 노력보다 중요한 것이다.

1인 기업은 보호해주는 울타리도, 미래를 예측해주는 전문적인 조직도 없다. 혼자 예측하고, 혼자 결정하고, 혼자 공과를 가져가고, 책임도 혼자 져야 한다. 따라서 누구보다 궁극의 목표를 잊지 않고, 최적의 결정을 하는 대전략의 눈이 필요하다. 대전략의 눈을 갖춰 명확하고 세부적이며 목적의식이 있는 목표를 재정립하고, 시나리오 기법으로 결정하고 행동하자.

다시 한 번 강조하고 싶다. 선택은 노력보다 중요하다. 이벤트를 넘어 지속 성장하는 1인 기업이 되고 싶다면 다음을 생각하는 대전략의 눈을 갖자.

:: **02** ::

퍼스널 브랜딩으로
나를 알려라

　얼마 전 인터넷 포털 사이트에 '의정부고등학교'가 인기상승 검색어가 되었다. 대한민국 수백 개의 고등학교 중 한 학교가 인기 검색어가 된 이유는 이색적인 졸업앨범 사진을 찍는 날이었기 때문이다. 이색 졸업앨범은 그해 있었던 사회적 이슈, 문화 이슈를 패러디해 사진을 찍는 방식으로 만들어졌다. 2014년도에는 KBS 〈슈퍼맨이 돌아왔다〉에 출현하는 추사랑 양과 고승덕 서울시 교육감 후보 패러디 사진이 네티즌에게 큰 인기를 얻었다. 이색 졸업앨범 사진이 2년 연속 인기상승 검색어에 오르자 나뿐만 아니라 수많은 네티즌의 머릿속에선 고등학교 졸업사진 하면 의정부고등학교가 떠오르게 된다.

이처럼 고등학교 졸업사진 하면 의정부고등학교가 떠오르는 건 나의 고정관념이지만, 다른 한편으로는 나에게 각인된 학교 브랜드이기도 하다. 의도했든 의도하지 않았든 졸업사진을 찍는 시즌이 되면 의정부고등학교가 생각날 것이다.

특정 제품 하면 자동으로 떠오르는 브랜드를 만들기 위해 기업은 물론 개인의 브랜드화 작업도 15년 전쯤부터 유행했다. 초기에 개인 브랜드를 전략적으로 만들었던 몇몇 1인 기업의 브랜드는 15년이 흘렀어도 난공불락처럼 쉽게 무너지지 않고 있다. 더 나아가 초기 선점 효과에 일관성 있는 브랜드 고수로 시간이 흐를수록 점점 더 고객에게 각인되고 있다.

이벤트를 넘어 평생 현역으로 남는 1인 기업이 되기 위해서는 고객의 기억 속에 오랫동안 남는 퍼스널 브랜딩 전략이 필수다.

퍼스널 브랜딩을 하면 네 가지 장점이 있다.

첫 번째는 개인의 정체성 확립이다.

퍼스널 브랜딩의 전략 중 큰 비중을 차지하는 것이 '일관성'이다. 일관된 이미지, 일관된 주장, 일관된 자기 철학 등 일관성은 단시간에 만들어지지 않는다. 일관성을 유지하기 위해서는 개인의 정체성부터 확립해야 한다. '나는 일관되게 무엇을 주장할 것인가'가

그 첫 번째 질문이며, 그 답이 자기 정체성이다.

두 번째는 고객의 정의가 내려진다.

한때 대한민국에 성교육 열풍을 일으켰던 구성애 푸른아우성 대표. 시대를 못 따라가는 성교육을 비판하고 솔직한 성교육으로 큰 인기를 얻었다. 구성애 대표는 퍼스널 브랜딩을 위해 매스컴에 출연하고 책을 출간하면서 고객을 정의했다. 성교육이 필요한 청소년은 물론 학부모를 고객으로 정의하고 의도적, 전략적으로 콘텐츠를 개발해 퍼스널 브랜딩을 한 것이다. 이처럼 퍼스널 브랜딩을 생각하면 내 고객에 대한 확실한 정의가 내려진다.

세 번째는 사람들에게 믿음을 준다.

퍼스널 브랜딩이 되어 있다면 일을 맡기려는 사람이 어떤 사람인지, 무엇을 하는 사람인지, 믿을 만한 사람인지, 일은 잘 해결하는지에 대한 구체적인 정보 수집이나 정보 처리를 하지 않고 그 사람의 행위 전체에 믿음이 생긴다. 예컨대 같은 내용으로 블랙홀의 근원을 주장해도 스티븐 호킹 박사의 말은 진지하게 듣고, 대학교 물리학도가 말하면 재미있는 학생으로 생각할 것이다. 이처럼 퍼스널 브랜딩이 된다면 정보의 중간 처리 과정 없이 믿음을 받게 된다.

네 번째는 경쟁력을 높여준다.

퍼스널 브랜딩은 자신의 강점을 부각하는 작업이다. 강점을 부각하므로 경쟁자보다 상대적으로 두드러져 보일 것이다. 자동으로 개인의 경쟁력이 높아진다.

일반 기업에서는 자사 브랜드를 위해 많은 비용을 들여 브랜드 제작 전문 기업에 의뢰하거나 자체적으로 많은 광고를 하고 있다. 하지만 1인 기업은 비용과 시간에 한계가 있기 때문에 1인 기업만의 색다른 퍼스널 브랜딩 전략이 필요하다.

우선 1인 기업이 가진 퍼스널 브랜딩 자산으로는 세 가지를 생각할 수 있다. 지식자산, 감성자산, 고객자산이 그것이다. 이 세 가지 자산을 일관되고, 계획적으로 활용한다면 대표 1인 기업 못지않게 퍼스널 브랜딩을 할 수 있다.

1. 지식자산

지식자산은 1인 기업의 기초가 되는 자산으로 상품의 전문성을 말한다. 전문성은 신뢰와 믿음을 준다. 특정 분야를 제외하고 학력이나 자격증이 없는 사람이 전문성을 갖추면 사람들은 더 열광하는 현상을 볼 수 있다. 학력이나 자격증이 전문성이라는 생각이 점점 약해지고 있는 것이다. 학력이나 자격증을 넘어 지식자산으로 퍼스널 브랜딩에 성공한 1인 기업을 보면 누구보다 상품의 본질을 정확히 알고 있으며, 미래를 예측하는 능력도 갖추고 있다. 또한,

본질의 정의와 미래 예측에서 지식의 희소성까지 보인다.

지금 가지고 있는 상품의 본질적 이해와 미래 예측으로 지식자산을 강화하여 퍼스널 브랜딩을 하면 된다.

2. 감정자산

감정자산은 1인 기업이 가지고 있는 인간적인 평판을 말한다. 평판은 눈에 보이지 않지만 1인 기업에게 큰 재산이 되거나 큰 장애가 될 수 있다. 좋은 감정자산을 가진 1인 기업은 고객이 일부러 찾아주지만, 나쁜 감정자산은 돌고 돌아 결국 고객을 떠나게 한다. 브랜딩에 타격을 입힐까 봐 의도적이고 계산적으로 감정자산을 관리할 순 있지만, 평소와 다른 상황에 몰리면 자기도 모르게 숨긴 감정이 나와 실수를 범하게 된다. 따라서 나의 기질을 바탕에 두고 헌신적이고, 대의적인 마음으로 감정자산을 활용해야 한다.

지금 가지고 있는 나의 기질과 상품의 대의적인 목적을 일치시켜 퍼스널 브랜딩을 하면 된다.

3. 고객자산

고객자산은 고객이 만드는 나의 브랜드다. 한때 포털 사이트에 '조석 수능 만점자'란 검색어가 순위에 올랐다. 네이버에서 〈마음의 소리〉라는 만화를 연재하는 조석 작가의 이미지가 수능 만점자 같다고 생각한 그의 팬(고객)들이 만든 이미지다. 한 번도 밀리지 않고 연재하는 성실함과 다른 만화랑 비교가 안 되는 웹툰 분량을 보고 팬들이 성실한 '수능 만점자' 이미지를 만들어준 것이다.

　1인 기업에도 면대면으로 상대하는 고객이나 이름 모를 블로그 이웃들이 나를 생각하는 모습이 있다. 고객들의 생각이 브랜드를 위한 자산이다. 고객들이 나를 생각하는 브랜드 모습이 있다면, 이를 구체화해 나를 기억하게 하는 퍼스널 브랜딩을 할 수 있다.

　내가 가진 세 가지 퍼스널 브랜딩 자산을 생각해 활용해보자. 특정 상품 하면 정보 처리 중간 과정 없이 자동으로 '나'를 떠오르게 함으로써 누구도 넘보지 못하는 대표 브랜드를 남길 수 있다.

　같은 상품이라도 브랜드가 다르면 분명히 선택에 영향력을 미친다. 1인 기업 세계도 별반 다르지 않다. 고객은 내 브랜드를 보고 지갑을 연다. 지식자산, 감정자산, 고객자산을 활용해 일관된 주장, 일관된 모습으로 현재 있는 분야에서 누구도 넘볼 수 없는 퍼스널 브랜딩을 구축해 나를 판매하자.

거인의 어깨에
올라타라

"여기 사장님께 많이 배웠습니다. 또 가게를 차립니다. 찾아와 주
시면 잘해드리겠습니다. 위치는요…."

　며칠 전 지인과 유명한 음식점을 찾아갔다. 소문난 음식점이라
손님이 많았지만, 한 종업원의 서비스 덕분에 손님이 바글바글한
와중에도 제대로 된 서비스를 받으며 식사할 수 있었다. 기회가 닿
아 그 친절한 종업원에게 이 분야에서 창업을 생각하고 있는지 넌
지시 물어봤더니 위처럼 답했다. 이미 한 번 창업해 망했고 다시
가게를 열기 위해 자리까지 잡아놨지만, 이번에는 정말 제대로 하
고 싶어서 여기 사장님한테 배우고 있다는 것이다. 당장 가게를 다

시 열고 싶다는 유혹을 뿌리치고 이 분야에서 성공한 사장님께 차분히 배우고 있는 사람이라면 전보다 성공할 가능성이 높을 거로 생각하고 식사를 마쳤다.

집필과 강연으로 대한민국을 대표하는 1인 기업을 직접 만나거나 책을 볼 때마다 내가 겪고 있는 문제들을 이미 다 겪고 지금 자리에 올라갔다는 사실을 새삼 알게 된다. 특히 문제를 극복했던 스토리를 볼 때마다 내가 가지고 있는 문제에 대한 해결의 실마리를 얻어 기쁠 때가 많다.

그래서 많은 1인 기업에게 지금 1인 기업을 하고 있어도 지속해서 성장하는 1인 기업이 되고 싶다면 기꺼이 거인(스승)의 어깨에 올라타라고 말한다. 그 음식점의 친절한 종업원처럼 말이다.

대부분 사람에게 학교를 떠나면서 만나는 스승이란 직장 선배나 사회적 친분 개념의 스승이 주를 이룬다. 그 스승들이 쌓아온 경험과 지식을 존중하고 직·간접적으로 배운다. 스승의 중요성은 누구나 알고 있다. 하지만 1인 기업에게 스승은 누구나 알고 있는 의미를 한 단계 뛰어넘는다.

1인 기업은 존중하고 배우는 걸 넘어 스승이 가지고 있는 지식을 실제화하는 능력을 배워야 한다. 즉, 내가 가진 상품을 어떻게 체계화하고 정교화하여 수입을 창출하는지를 배워야 한다는 말이

다. 그리고 실제화한 것에 대해 피드백을 받고 끊임없이 보완해야
하기에 스승의 어깨가 필요하다.

실제화 기술을 가르쳐주는 스승을 선택할 때는 신중해야 한다.
멘토 강의로 유명한 세계화전략연구소 이영권 대표의 조언을 참고
해보자.

이영권 대표는 스승의 첫 번째 조건을 '인격'이라 이야기한다. 스
승은 우리에게 많은 기회를 주고 많은 걸 알려준다. 그렇지만 자칫
자신의 울타리 안에 제자를 가둘 수도 있기 때문에 일정한 시기가
오면 놓아주는 인격을 갖춘 스승이 필요하다는 뜻이다. 또 제자에
게 과도한 금전적 요구나 일방적 희생을 강요할 수도 있기 때문에
스승을 선택할 때는 오랜 시간 교감을 나눈 후 신중하게 결정하라
고 조언한다. 만약 내가 가고자 하는 분야에 스승이 없다면 인격적
으로 훌륭한 사람을 만나 교감하고 배우라고 조언한다.

교감을 강조하는 걸 보면 제자도 스승을 선택할 수 있지만, 스승
도 제자를 선택할 수 있다고 생각된다. 그래서 불교에서는 좋은 사
제지간은 전생에 몇 겁(劫)의 인연이 필요하다고 말하는 듯하다.

스승의 중요성을 알면서도 훌륭한 스승은 바쁘고, 자신에게 관
심을 안 줄 거라고 생각할 수 있다. 하지만 지속적인 성장은 물론
세월을 벌고 싶다면 스승의 어깨가 꼭 필요하다. 배우는 사람의 기

본인 겸손과 내 길을 먼저 가는 사람이라는 존경의 마음으로 스승에게 다가가고, 아무리 하찮은 일이라도 꺼리지 말고 해야 한다. 어떤 방식으로든 스승과 일대일 관계를 시작하는 게 중요하기 때문이다.

인격적으로 훌륭한 스승과 일대일 관계를 시작했다면 학교 때와 다른 스승이라는 개념의 정립이 필요하다. 이제 스승은 지름길을 알려주는 사람이다. 학창 시절과 같이 안전과 보건까지 책임지는 사람이 아니라 배우는 능률을 높여주는 사람으로 정립할 필요가 있다.

또 일정한 시기가 오면 스승을 벗어나야 한다. 독일 철학자 프리드리히 니체는 스승을 벗어나는 문제를 이렇게 표현했다.

"영원히 제자로 남는 것이야말로 스승의 은혜에 형편없이 보답하는 길이다."

맹목적인 복종이 커지면 자기를 잃어버리고 스승에게 형편없는 제자로 남을 수 있다. 일정한 시기가 오면 스승의 수많은 피드백을 나에게 맞게 변형시켜 실제화해야 한다. 변형시켜 실제화하는 것이야말로 스승과 제자가 필요한 이유이기도 하다. 스승의 가르침에 나의 강점을 더한다면 모든 스승의 바람인 '나를 뛰어넘는 제자'가 나오는 것이다. 그래서 레오나르도 다 빈치는 스승의 가르침에 나의 강점을 더하지 못하는 사람에게 "스승을 능가하지 못하는 제자만큼 딱한 존재가 어디 있으랴"라고 말했다. 스승의 가르침에 내 강점을 더해 최고의 보답을 하는 제자가 되어야 한다.

이벤트를 넘어 지속해서 성장하는 1인 기업을 꿈꾼다면 스승의 어깨에 올라타야 한다. 그리고 스승과 충분한 교감을 나누고 스승의 가르침과 내 강점을 변형시켜 기꺼이 최고의 제자가 되면 된다.

벗어난 후에는 스승과 함께 성장하는 상호관계로 진화할 필요가 있다. 벗어나서 끝나는 것이 아니라 서로 부족한 부분을 채워줄 관계로 지속하기 위해 노력해야 한다.

많은 1인 기업과 이야기를 나누어보면 지금과 같은 위치에 있기까지 스승이 꼭 존재했음을 알 수 있다. 나 역시 강연과 집필을 각각 다른 스승님께 배웠다.

우리의 삶은 생각보다 짧고, 가치 있는 일을 하기 위해 배워야 할 것은 많다. 그래서 세월을 벌어야 하며, 더 정교하고 체계적으로 배우는 일이 중요하다. 이 모든 일을 하기에 최적화된 방법이 기꺼이 스승의 어깨에 올라타는 것이다.

:: **04** ::

가르치며
배워라

조선일보 칼럼니스트이자 《조용헌의 사주명리학 이야기》로 유명한 조용헌 교수. 다산 정약용 강의에서 누군가 최고의 팔자가 무엇인지 질문하자, 그는 다음과 같이 간단명료하게 답했다.

"최고의 팔자는 책을 쓰고, 제자를 양성하는 팔자다."

그 자리에 나도 있었는데, 답변이 명쾌하다 못해 서늘하기까지 했다. 한의학이나 풍수지리학과 달리 과학적 근거가 미흡한 사주ㆍ명리를 떠도는 재야에서 대학 정식 강단으로 옮긴 선구자다운 답이라 생각한다.

미국 대통령들은 임기를 마치면 책을 쓰고, 세계를 상대로 강의를 다니거나 제자를 양성한다. 우리나라뿐만 아니라 세계적으로 소문난 명사들도 현역에서 물러나면 제자를 양성하는 사람을 많이 볼 수 있다.

지금 최고 위치에 있는 1인 기업들을 봐도 모두 제자를 양성하는 프로그램을 가지고 있다. 조용헌 교수 답변처럼, 그만큼 제자를 양성하는 일은 동서고금을 막론하고 누구나 바라는 최고의 팔자인 것 같다.

1회성 이벤트를 넘어 지속해서 성장하는 1인 기업이 되고 싶다면 '교학상장(敎學相長, 가르침과 배움이 서로 발전시켜 준다)'을 강조한다. 이 부분에서 많은 사람이 스스로 완성되지 않은 상태에서 누구를 가르칠 수 있느냐며 반문할 수 있다. 하지만 완성의 기준은 무엇인가. 꼭 특정한 위치, 특별한 성과가 있는 사람만 가르칠 수 있다는 장벽은 깨진 지 오래다.

최근 4주 과정으로 SNS 마케팅 관련 교육을 받았다. 교육 담당자는 SNS 마케팅 대행도 해주는 1인 기업 P 대표였다. 그는 SNS 마케팅 관련 책을 읽고, 관련 수업은 다 듣고, 자신의 SNS에 단기간 사람을 모집하는 데까지 성공했다. 그 경험을 교육과정으로 만들어 SNS로 홍보해 교육생을 모았다.

P 대표의 얼굴에 비치는 나이를 계산해보니 얼핏 고등학생으로 보이기까지 했다. 반면 교육생을 보면 자영업을 하다 보니 SNS 마케팅 필요한 40~50대가 주를 이루었다. 나도 SNS 마케팅을 몰라 열심히 묻고 배운 유익한 시간이었다.

P 대표에게 교육생의 나이가 부담스럽지 않은지 물어보니 "부담스럽기보다 워낙 다양한 분야의 사람들이 와서 제가 다루는 분야가 늘어나 즐겁습니다"라고 답했다. 실제로 교육생들은 음식점, 잡지사, 공부방, 기념수건 제작 등 다 다른 분야에서 온 사람들이었다. 이는 곧 P 대표가 알려줘야 하는 마케팅 분야도 늘어나고 있다는 얘기다. 4주 동안 나를 비롯한 교육생들은 물론 가르치는 P 대표도 함께 크는 기회가 됐다.

1인 기업 교육을 하다 보면 전혀 경험해보지 못한 분야의 사람이 찾아와 교육을 요청할 때가 있다. 처음에는 당황스럽지만 1인 기업으로 가는 단계에서 벗어나는 것이 아니기에 자신 있게 교육을 해준다. 그 과정에서 나 역시 '이런 분야도 있구나'를 새삼 느끼며 새로운 1인 기업 분야를 공부하게 된다.

교학상장을 통해 지속해서 성장하고 싶은 1인 기업이라면 내 이름이 들어간 책 쓰기처럼 생각의 전환이 우선되어야 한다. 어떤 특정한 성과가 있어야 가르칠 수 있다는 생각을 버리는 것이 우선이다. 그런 다음에는 지금 하고 있는 1인 기업 분야를 남들보다 먼저 공부했으니, 체계화하고 프로세스화했던 부분을 배우는 사람의 수준에 맞춰 가르치면 된다. 강연을 개최하는 방법으로는 대표적으로 다음의 두 가지가 있다.

1. 기관에서 강연하기

더욱이 평생교육이 강조되면서 대학, 지역 교육기관 등 가르칠 기회는 무궁무진하고 갈수록 늘어나고 있다. 만약 가르치고 싶은데 방법을 모른다면 우선 지역 교육기관 홈페이지부터 찾아보라. 쉽게 알 수 있다. '교수제안', '강의제안' 등 다양한 용어로 교육제안을 받고 있으며, 그에 따른 시스템도 매우 잘 갖춰진 상태다. 제안서를 제출해 내 이름으로 강의를 열면 된다. 단 이런 기관에서는 공신력(자격증, 저서, 학위)이 있는지 확인한다는 사실을 기억하자.

2.직접 사람을 모아 강연하기

직접 사람을 모아 교육을 하고 싶다면, 홍보가 중요하다. 청소년을 대상으로 동기부여를 강의하는 지인 이야기를 들어보면 사람 모집하기가 가장 힘들다고 말한다. 아무리 좋은 커리큘럼이 있어도 사람을 모으지 못하면 소용이 없다. 그는 한 명 한 명 소중히 모시고, 모든 홍보수단을 동원해 사람을 모집하는 수밖에 없다고 조언한다.

사람 모으기를 힘들어하는 1인 기업을 위해 최근에는 대신 사람을 모아주는 업체까지 생겼다. 사람 모으는 일에 자신이 없다면 대행을 쓰는 것도 방법이지만, 고객과 유대감을 쌓는 걸 중시하거나 진정한 필요를 느끼는 고객을 만나기 위해서는 모든 홍보수단을 동원해 직접 모집하는 것이 좋다.

교학상장을 위해 가르치지만 1인 기업을 하는 상태에서는 최소 수입 창출 때처럼 무료 또는 기부 개념의 금액을 벗어나야 한다. 재능기부가 아닌 이상 말이다. 스스로가 자신을 대접해야 남에게도 대접받는다. 교육비는 내 몸값을 대변하니 일정한 금액을 당당히 요구할 수 있어야 한다.

하지만 많은 사람이 교육비 산정을 어려워한다. 구체적인 금액을 정할 때 같은 분야 평균금액을 생각하는 것도 좋지만, '이 정도 금액이면 헌신을 다해 알려줄 수 있다'라는 수준에서 보수를 산출할 것을 추천한다. 다소 추상적이지만 평균을 따라가는 금액으로 교육하는 사람을 보면 어느 순간 초심을 잃고 평균만큼만 하게 되는 현상을 종종 본다. 내가 최선을 다할 수 있는 금액으로 대접받고 교육하는 것이 나에게도, 교육받는 이들에게도 좋은 일이다.

1인 기업은 내가 가진 노하우, 지식, 경험을 일방적으로 가르치

는 게 아니라 서로 성장하고 도와주는 교학상장의 마음으로 임해
야 한다. 지속 성장하는 1인 기업은 교학상장하면서 자신의 분야
를 넓히고, 지식을 통섭하고 새로운 상품을 내놓는다. 교학상장을
통해 지속해서 성장하는 1인 기업이 되자.

:: **05** ::

힘들어도,
신념을 잃지 마라

취업 컨설팅을 하는 지인이 지친 목소리로 술 한잔 하자고 전화가 왔다. 왠지 위로가 필요한 건 같아 그를 만났고, 술이 석 잔 정도 돌자 힘들어하는 이유를 물어봤다. 사연인즉 대학생을 상대로 취업교육을 하는데 스펙보다 꿈이 더 중요하고, 꿈을 가지라고 조언을 했단다. 분위기도 좋았고 모두가 만족해하는 표정이었다고 한다. 그런데 수업이 끝나고 교육평가를 받았는데, 누군가가 '꿈팔이 그만하세요'라고 적었더라는 것이다. 지인은 그 메시지에 큰 충격을 받은 것이다.

몇 개월 전에도 비슷한 일이 있었기에 충격이 더 크다고 했다. 당시에도 대학생을 상대로 강의했는데 "기업은 '스펙', '스펙' 하는데 이게 뭡니까. 꿈이 밥 먹여주나요?"라며 한 여학생이 짜증을 부렸다고 한다.

나와 비슷한 시기에 1인 기업을 선포하고 '가진 건 꿈밖에 없다'며 의기투합해 겨우 자리를 잡기 시작했기에 우리는 꿈의 소중함을 너무나 잘 알고 있었다.

그런 소중함을 알리고 싶은 마음에서 한 말인데 이미 출판과 강연에서 '청춘 · 꿈'이라는 키워드로 너무 많은 사람이 뛰어들어와 이야기한 터라 질려 있던 학생들이었고, 나이 먹었다고 대학생에게 훈계한다는 오해가 생겨 그런 일이 생긴 것이다. 꿈에 대한 그의 순수한 열정을 생각하니 마음이 아파 늦은 시간까지 같이 술을 마셨다.

비슷한 시기 독서모임에서 독서논술로 1인 기업을 하는 지인이 1인 기업 현실에 대해 들려주었다. 유명 입시학원에서 그에게 1년짜리 커리큘럼을 짜서 같이 논술아카데미를 열자고 제안이 왔다. 학기 시즌마다 계약하는 불안함보다 1년짜리 교육계약은 그에게 좋은 기회였다. 열심히 커리큘럼을 짜 거의 완성될 때쯤, 학원 측에서 일방적으로 취소 통보가 왔다. 이유는 '윗분의 지시'라는 짧은 답변뿐이었다. 허탈한 마음이 들었지만, 어쩔 수 없이 받아들여야 했다. 그리고 다른 곳에서 다음 학기 계약을 위해 또 발로 뛰어야 했다.

"소수의 사람만이 그 길을 발견한다. 왜냐하면, 그 길은 그들 자신 속에 있기 때문이다. 그런데 자기의 길을 찾고 있는 자는 그리 많지 않다. 대개는 딴 길을 찾아들 뿐이다."

클라우드 M. 브리스톨이 지은 《신념의 위력》에 나오는 말이다. 자기 길의 중요성을 누구나 잘 알고 있지만 그걸 찾는 사람은 브리스톨 말처럼 그리 많지 않고, 그 길을 가는 사람은 더더욱 많지 않은 것 같다.

1인 기업은 자신 속에 있는 길을 찾고, 길을 떠나는 사람이다. 그 모습이 꿈을 향해 가는 영화 주인공처럼 보일지 몰라도 실상은 그 반대다. 조직이 주던 보호망이 없으니 모든 걸 혼자 감내해야 하며, 소속이 주는 안정감과 사교의 기회도 없으니 고즈넉함을 넘어 끝도 없는 외로움도 극복해야 한다. 특히 오랫동안 직장생활을 하다가 1인 기업을 하는 중년 남성들은 이 외로움이 가장 힘들다고 말한다.

의도치 않은 오해로 큰 상처를 받아도 보호받을 수 없고, 일방적인 계약해지 통보를 받아도 이유를 따질 수 없다. 끝없는 외로움도 극복해야 한다. 그 밖에 수입의 불안함 등 일일이 나열할 수 없을 만큼 수많은 고충이 있다. 꿈을 향해 홀로 나가는 멋진 주인공처럼 보일 뿐 어느 직업인 못지않게 경쟁이 심하고 치열하다.

수많은 1인 기업을 볼 때마다 자기 길을 간다는 건 참으로 외롭고 힘든 길임을 새삼 느낀다. 누구 하나 편안하다고 말하는 사람이 없다. 그렇지만 내 길을 가는 사람은 언제나 존재했고, 지금은 그 사람이 자기 신념을 지닌 1인 기업들이다.

한국식 자본주의에서는 모든 평가가 돈으로 이루어지지만, 1인 기업은 때에 따라 자기기준으로 돈 이외의 것을 보고 우직하게 일할 수 있다. 세상이 기존에 지속돼온 삶의 코스를 당연히 여길 때, 생산적인 의심으로 자기기준을 만들어 살아간다. 모든 건 누구도 아닌 자신의 신념이기에 행동으로 이어진다.

"인생을 살아야 할 이유를 아는 사람은 어떠한 상태에서도 견뎌낼 수 있다."

독일 철학자 프리드리히 니체의 말처럼 1인 기업은 살아야 할 확실한 이유를 혼자 알고 있기에 기꺼이 혼자 한다. 죽음을 앞두고 삶을 돌아볼 시기가 왔을 때, 결국 자기 신념으로 살아온 사람은 누구보다 후회를 덜 하듯이 말이다. 때에 따라 남들의 손가락질도 받지만, 소수만이 자기 속의 길이라 생각하는 1인 기업을 선포하고 실행에 옮긴다.

1498년, 스물아홉 살 니콜로 마키아벨리는 특별한 연줄 없이 그의 영민한 머리로만 중앙 정치에 발을 들여놓는다. 하지만 자신이 이룬 성과를 스스럼없이 빼앗는 정치인들과 연줄만 활용해 지위를 얻은 어리석은 고관들 때문에 정치 현실을 직시하게 된다. 시간이 흘러 1513년, 반역죄로 몰려 마키아벨리는 불명예스럽게 은퇴하고 피렌체 외곽의 작은 농장에 칩거하게 된다. 불명예 은퇴로 인해 심한 경제적 고통을 겪지만, 매일 밤 역사적인 위인들과 교감을 나누고 직접 겪었던 정치 현실을 바탕으로 〈프린키파투스(De principatus)〉라는 소책자를 펴낸다. 이것이 훗날 전 세계 사람에게 사랑받게 된《군주론》이다.

《군주론》을 세상에 내놓았지만, 아무도 관심을 두지 않았다. 그 후 출간한《로마사 논고》도 여전히 찾아주는 사람이 없었다. 마키아벨리는 경제적으로 더욱 궁핍하게 지내야 했다. 사실 두 책은 너무나 대담했고, 당시 도덕성을 생각한다면 도발적인 내용이었다. 하지만 중상모략과 기만술이 가득한 정치 현실을 직시하고 부국강병을 꿈꾸는 지도자라면 읽어야 하는 책이었다. 출간이 되었어도 이탈리아 지도자들은 도발적인 내용에 쉬쉬했고 1527년 그가 사망하는 날까지《군주론》은 빛을 발하지 못했다.

그렇게 자기 신념과 철학을 책에 담고 이탈리아에 바쳤지만, 엉뚱하게도 영국의 정치인 크롬웰에게 재평가받는다. 꾸밈없이 짧고

긴박감이 흐르는 문체, 현실을 적나라하게 정리한 내용, 누구나 말하고 싶었지만 담아낼 수 없었던 정치 현실 등의 강점이 부각되면서 많은 지도자에게 사랑을 받는다. 그 후 그의 신념과 철학은 전세계 지도자에게 퍼지고 여러 언어로 번역되었다. 이와 함께 마키아벨리가 살아생전 가지고 있던 생각과 신념도 전 세계에 전파되었다.

모든 사람의 인생은 한 권의 책이라 말한다. 마키아벨리는 자신의 인생을 《군주론》에 담았다. 그 책에는 그의 신념, 철학, 삶이 담겨 있다. 경제적 어려움과 반역죄라는 불명예를 씻기 위해 세상과 부합하는 책을 집필할 수도 있었지만, 그렇게 하지 않았다. 말 그대로 자신의 신념에 따라 집필했다. 비록 마키아벨리 자신은 그 빛을 직접 보지 못했지만, 결국 그의 생각은 21세기가 된 지금 몇십억 인구에게 영향력을 행사하고 있다.

지속해서 성장하는 1인 기업을 넘어서 자기 삶을 사랑하고, 무언가 영향력을 행사하고 싶다면 신념으로 나아가라. 자신의 심원에 있는 솔직한 감정에 충실하고 더욱 적극적으로 삶을 개척하자. 결국 세상은 신념을 지니고 행동하는 사람의 몫이다.

그 신념이 언젠가는 상상하지 못한 영향력을 행사할 수 있도록 부단히 노력하고 발전해가자. 그런 1인 기업을 꿈꾸고, 행동하라.

1인 기업의 모든 꿈과 행동을 응원한다.

6단계 TIP | 지속 성장의 토대를 닦아라

| 관련 저서 |
- 《전쟁의 기술》, 로버트 그린, 웅진지식하우스
- 《퍼스널 브랜딩 신드롬》, 피터 몬토야, 바이북스
- 《멘토》, 스펜서 존슨 · 콘스탄스 존슨, 비즈니스북스
- 《신념의 마력》, 클라우드 브리스톨, 해피앤북스
- 《개인 브랜드 성공 전략》, 신병철, 살림출판사
- 네빌 고다드 시리즈, 네빌 고다드, 세른세개의계단

능력을 최대치로
발휘하는 1인 기업

정체기를 도약의
기회로 삼는다

어떤 일이든 쉽게 흥미를 잃어버리는 사람이 있다. 처음에는 호기심이 발동해 그 일을 시작하지만 같은 성과가 반복해서 나오는 '정체기'를 극복하지 못하고 어느새 다른 흥밋거리를 찾아 헤맨다. 이런 행동이 취미라면 상관없지만, 업(業)이라면 문제가 된다. 한 단계 도약하기 위해서는 반드시 정체기를 극복해야 하기 때문이다. 정체기를 겪는 건 무슨 일에서나 마찬가지다. 프로선수들에게도 누구나 정체기가 존재한다. 이러한 시기가 찾아온 선수에 대해 언론은 다양한 평가를 쏟아내지만 누구는 보란 듯 재기에 성공하고, 누구는 사라져버린다. 이런 현상은 프로 스포츠의 세계에서만

238 1인 기업이 갑이다: 실전편

이 아니라 직업의 세계에서도 똑같이 일어난다.

어느 직업이건 일정한 시기가 되면 반드시 정체기가 온다. 아무리 노력해도 발전하지 못하고 같은 성과가 반복된다. 성과에 따른 보상도 똑같으므로 의지도 줄어든다. 이런 정체기를 극복하고 한 단계 한 단계 도약을 반복해야만 어느 순간 거장의 반열에 올라간다. 직업인으로서 궁극적으로 추구해야 하는 지점이 '거장'이 아닐까 생각한다.

누구는 자신의 재능과 잠재력을 남김없이 발휘하고, 누구는 자신에게 그런 능력 자체가 있는지도 모른 채 삶을 마감한다. 어느 삶이 정답이라 할 수 없지만 '일'이 삶에 미치는 영향력과 우리가 쏟아 붓는 시간을 생각한다면 거장을 추구하는 삶이야말로 직업인의 궁극적인 목표라 생각한다.

거장을 추구하는 삶에서 정체기는 반드시 온다. 이를 극복한다면 나이를 떠나 지속적인 성장이 가능하며, 후학까지 양성한다면 그 분야의 일가를 이루게 된다. 중요한 건 정체기가 왔을 때 극복하는가, 포기하는가 하는 것이다.

주변에 한 가지 주제를 깊이 있게 공부해 책을 출간하는 작가들을 많이 볼 수 있다. 본인의 투자 시간, 집중도, 주제의 깊이 등 다양한 요소로 원고 완성 기간은 천차만별이지만, 글이 생각만큼 써

지지 않는 정체기는 누구나 겪는다. 정체기가 왔을 때 단 몇 시간 만에 극복하는 작가가 있고, 몇 달이 넘도록 손을 놓는 작가도 있다. 단시간에 극복하는 작가들을 보면 마치 정체기가 없는 듯이 생각하고 글을 쓴다. 즉 정체기를 우리의 일상 풍경 같은 존재로 여긴다는 공통점이 있다.

작가 이외에도 몇 시간 만에 정체기를 극복하는 직업인들도 그렇다. 정체기는 당연히 존재하며 정체기가 왔을 때 정체기라고 의식하지 않는다. 우리의 일상 풍경이기 때문에 의식할 필요가 없다는 것이다.

이렇게 정체기를 의식하지 않고 지속 성장하는 사람의 행동을 삶에 적용한다면 거장의 반열에 올라갈 수 있다고 생각한다. 거장들은 다음과 같은 행동을 삶과 일에 적용시킨다는 사실을 기억하자.

1. 돈오(頓悟)의 의미를 실천을 통해 알고 있다

스님의 수련 방법 중 돈오점수(頓悟漸修)가 있다. '문득 깨달음에 이르는 경지에 이르기까지는 반드시 점진적인 수련이 필요하다' 라는 뜻이다. '문득 깨달음'은 한 단계 도약하는 작은 씨앗인데, 이 씨앗을 얻기 위해 반드시 점진적인 수련이 필요하다는 것이다.

정체기는 정체가 아니다. 눈에 보이지 않지만, 점진적으로 성장하는 과정 중 일부다. 지속 성장하는 사람은 정체기의 참뜻을 알기에 지독한 반복과 연습을 중단하지 않는다. 누군가의 눈에는 정체기지만 누구에게는 일상의 풍경일 뿐이며, 점진적으로 거쳐야 하는 당연함으로 알고 실천한다. 그리고 어느 순간 번뜩이는 깨달음이 온다.

2. 과정에 집중한다

정체기에 가장 큰 유혹은 빨리 성과를 내고 싶어 하는 조급증이다. 즉 결과에만 집착하는 행동이다. 끝이 좋으면 모든 것이 좋다는 말도 있지만, 과정이 옳지 않으면 결과가 좋을 수 없다. 요행으로 일시적인 좋은 결과를 낼 수 있지만, 지속하지 못한다. 지속 성장하는 사람은 결과를 아예 배제할 수 없지만, 과정에 충실한 사람이다. 과정에 충실하다는 건 자신에게 떳떳하다는 얘기다. 자신에게 떳떳하기 위해 결과에 집착하기보다 과정에 집중해보자.

3. 배의 법칙을 적용한다

반복 속에서 깨달음이 오지만, 단순 반복으로는 발전이 없다. 지속 성장하는 사람은 배(倍)의 법칙으로 단순 반복의 한계를 극복한다. 배의 법칙은 '집중하는 시간을 배로 늘리고, 성과를 내는 시간을 배로 줄인다'는 것이다. 집중하는 시간을 늘리기 위해, 성과를 내는 시간을 줄이기 위해 끊임없이 개선해야 한다. 지독한 반복과 연습을 하지만 그 안에서는 작은 개선들이 끊임없이 이뤄진다. 작은 개선이 있어야 집중하는 시간을 배로 늘리고, 성과를 내는 시간을 배로 줄일 수 있다. 모든 반복과 연습에서 개선점을 찾는다.

1인 기업도 직업인으로서 궁극적으로 지향해야 할 방향은 그 분야의 거장이 되는 일이다. 1인 기업 특성상 외부의 부정적인 영향에 그대로 노출되어 있기가 쉬우므로, 삶의 원동력이라 할 수 있는 긍정적인 영향력을 스스로 적극적으로 조달해야 한다. 정체기를 극복하는 방법 또한 스스로 조달해야 한다. 우선 정체기를 정체기로 정의하지 말고 우리의 평범한 일상처럼 받아들이자. 또한 작은 부분이라도 개선하면서 반복과 연습으로 나를 업그레이드하면 된다.

누구에게도 간섭받지 않지만, 누구한테도 전적으로 의지할 수 없는 것이 1인 기업이다. 정체기가 왔을 때 스스로 극복하는 방법을 찾아 지속 성장하는 직업인이 되자.

:: 02 ::

다인 기업으로
시너지를 높인다

　며칠 전 1인 기업을 육성하는 대학에 초청을 받았다. 정부에서도
1인 기업에 대한 관심이 높아 대학도 그에 발맞춰 좋은 시설과 각
종 지원으로 대학생 1인 기업을 육성하고 있었다. 대학생 1인 기업
들과 인사를 나눌 때마다 대학생 특유의 젊음과 자유의 기운이 전
해져 나도 덩달아 즐거운 시간이었다.

　잠시 후 담당자가 나를 데리고 간 사무실에는 다섯 명의 대학생
이 있었다. 담당자는 하나의 프로젝트를 수행하는 다인 기업이며,
이들 다섯 명을 리드하는 건 정부에서 지원 나온 경영 전문 컨설턴
트라고 설명했다. 이 프로젝트가 끝나면 이 다인 기업은 해체한다

고 한다. 다섯 명이 독립된 사업자로서 각자 역할을 충실히 하는 모습에서 무언가 비장함마저 느껴졌다. 내 강의로 대학 초청 방문을 마무리했고 다인 기업을 결성하고 활동하는 대학생들의 모습에 깊은 인상을 받았다.

1인 기업에게 핵심만 남기고 아웃소싱을 주는 건 자신의 시간과 에너지를 보호하기 위해서다. 그러고 나서 자신의 핵심 역량에만 집중하면 된다. 핵심 역량을 발휘하기 위해 다인 기업이 필요할 때가 있다. 핵심을 키우기 위해 아웃소싱이 하지 못하는 세밀한 부분이나 전혀 새로운 차원의 일을 시작할 때가 그렇다. 실제 1인 기업이 A부터 Z까지 모든 일을 하는 경우는 극히 드물다. 아웃소싱을 주거나 다인 기업 개념으로 일한다.

다인 기업은 각 분야의 전문가 1인 기업을 모집해 일하는 일종의 프로젝트팀 개념이다. 보통 기업의 프로젝트팀과 다른 점은 일 처리 속도에 따라 발생하는 이익이 천차만별이라는 것이다. 이 점이 다인 기업의 최고 매력이다. 즉 빨리 일을 끝내면 다른 일거리로 돈을 더 벌 수 있는 팀이므로, 속도에서는 다른 기업이 따라올 수 없다. 이 속도 덕에 최대 능력을 발휘할 수 있는 시간과 여건이 만들어진다.

속도가 빠르고 각 분야의 전문가가 있는 다인 기업을 할 때 두 가지 주의사항이 있다.

첫 번째는 정확한 수익 배분을 문서화해야 한다는 것이다.

각자 전문 분야가 있기 때문에 일의 범위는 정확히 규정할 수 있다. 하지만 수익 배분에는 철저한 규정과 투명성을 갖춘 문서가 없다면 훗날 문제가 발생할 수 있다. 특히 개인 친분으로 함께하는 다인 기업의 경우 명확하지 못한 수익 배분으로 법적인 문제까지 발생하는 경우를 종종 본다. 정확한 수익 배분 기준을 정하고, 그것을 문서로 만들 필요가 있다.

두 번째는 컨트롤타워 역할을 명확히 해야 한다는 것이다.

다인 기업을 추진한 사람이 컨트롤타워가 되지만, 사람을 모으다 보면 여러 가지 이유로 컨트롤타워 역할이 모호해질 수 있다. 갑론을박하는 상황을 조정하거나 주요 사항을 결정할 때는 컨트롤타워의 역할이 필요하다. 확실한 컨트롤타워 역할을 할 수 있도록 서로 간에 명확한 규정을 만들어야 한다.

내 능력을 최대치로 발휘하고 싶다면, 내가 못하는 부분은 기꺼이 전문가에게 맡겨야 한다. 하지만 전혀 색다른 일이나 세밀함을 요구하는 일에는 전문가와 함께 일해야 할 때가 있다. 다인 기업이 전문가와 함께 일하는 모습이 바로 그것이다. 다인 기업으로 1인 기업의 여러 가지 한계를 극복하고 최대치 시너지를 낼 수 있도록 수익 배분을 명문화하고, 컨트롤타워 역할을 명확히 하자.

:: **03** ::

언제 어디서든
일할 수 있다

2000년대 초반 IT 분야에서 '유비쿼터스(ubiquitous)'라는 신조어가 등장했다. '언제든지(everwhre)'라는 뜻의 라틴어 '유비크(ubique)'에서 나온 단어로 '네트워크 사용자가 컴퓨터를 인식하지 않고 장소와 시간에 상관없이 언제, 어디서든 네트워크에 접속한다'는 뜻이다. 요즘 들어 전 세계적인 스마트폰 보급으로 유비쿼터스 시대를 완벽히 구현하고 있다.

유비쿼터스 시대를 맞이해 일반 기업에서도 재택근무가 유행했지만, 서로 간의 소통 문제와 화상통화만으로는 상대방의 감정을 읽을 수 없다는 공감 능력 부재 문제 때문에 다시 출퇴근으로 바뀌는 추세다.

하지만 1인 기업은 기존 기업들이 가지고 있는 출퇴근의 개념을 바꿔놓았다. 다음과 같은 말이 대표적이다.

"카페인과 와이파이만 있다면 언제, 어디든지 일할 수 있습니다."

"저는 매일 스타벅스로 출근합니다."

실제로 많은 1인 기업이 언제 어디서든 일할 수 있는 능력을 갖추고 있다. 특히 IT기기가 발전할수록 언제 어디서든 일할 수 능력은 더욱 강화될 것이다. 1인 기업이 내 능력치를 최대로 발휘할 수 있는 건 특정 분야를 제외하고 내가 원하는 시간, 내가 원하는 장소에서 일할 수 있기 때문이다.

한때 우리나라에 아침형 인간 열풍이 불었다. 그에 맞서 저녁형 인간도 등장했다. 서로의 주장은 상반되지만 결국 자신에게 맞는 시간을 찾아 일한다면 업무 능률이 높아진다는 것으로, 결론은 같았다.

수많은 1인 기업을 보면서 자신에게 맞는 시간이 다 다르다는 사실을 깨달았다. 어느 1인 기업은 새벽 3시 반에 일어나 책을 쓰고, 하루를 준비한다. 그리고 12시 직전에 잠깐 잠을 자고 오후 일정에 들어가며 10시 이전에는 반드시 잠을 잔다. 새벽 시간이 주는 고요

함과 차분함이 큰 원동력이 된다고 한다. 또 다른 1인 기업은 오후 3시에 일어나 다음 날 아침 8시까지 생활한다. 햇빛을 보며 작업하면 한가한 마음이 들어 일을 할 수 없다고 한다. 어느 생활 방식이 정답이라 단정할 순 없지만, 기존 출퇴근 개념이 없기에 자신의 리듬으로 활동할 수 있다.

지금 이 글을 쓰는 시간은 새벽 5시이고, 장소는 집 주변 24시간 카페다. 운동하는 사람, 이른 출근을 하는 사람, 학원에 가는 학생, 밤새 술 먹고 귀가하는 사람 등이 창밖으로 보인다. 이 시간에 일하는 것으로 보이는 사람은 카페 아르바이트생과 24시간 편의점 아르바이트생 그리고 나밖에 없다. 이 시간에 일하고 있지만, 이상하리만큼 즐겁다. 누구도 아닌 나를 위해 일하고 있으며, 내가 일한 만큼 수입으로 돌아오기 때문이다. 반대로 내가 게으름을 피우면 수입이 발생하지 않는다.

1인 기업을 선포하고 가장 확실하게 느낀 것이 너무나 정직한 직업이라는 것이었다. 직장에서 말하는 '중간만', '적당히'는 없다. 내가 하지 않으면 아무 일도, 아무것도 생기지 않는다. 그래서일까. 예전에는 늦잠도 자고, 시간을 허투루 보내는 날이 많았지만, 지금은 확실히 달라졌다. 가끔은 지는 해를 보며 시간을 잘못 쓴 하루를 반성하기도 한다.

1인 기업을 하면 생기는 능력 하나가 직장인일 때는 상상도 못했던, 언제 어디서든 일을 한다는 점이다. 내가 하지 않으면 아무 것도 생기지 않기 때문이다. 어쩌면 슬픈 현실이지만, 시간과 장소의 자유를 누리는 대가이기도 하다. 또한, 언제 어디서든 일해야 한다는 압박감과 단기간에 끝내야 한다는 목표로 내 능력의 최대 치를 발휘해 일할 수 있다. 이 환경적 압박이 나도 모르는 잠재된 능력을 현실로 끌어오게 한다.

1인 기업은 자신이 원하는 때, 원하는 장소에서 일할 수 있다. 반면, 필요할 경우 언제 어디서든 일해야 한다. 장단점이 존재하지만, 확실한 건 언제 어디서든 일할 수 있기에 나도 모르는 최대치 능력을 끌어다 쓸 수 있다는 것이다.

언제 어디서든 내 마음대로 일한다는 '즐거움'과 언제 어디서든 일해야 한다는 '비장함'의 균형을 잘 잡아 유비쿼터스 1인 기업이 되자.

:: **04** ::

트렌드 메이커가
된다

"선생님, 1인 미디어시대, 1인 메신저시대, 1인 제조시대, 1인 테크니컬시대를 달려가고 있습니다. 1인 기업에서는 앞으로 어떤 모습이 유행할 것 같습니까?"

어느 강의에서 받은 질문이다. 그의 말대로 지금은 1인 시대다. 달리 생각해보면 최근 들어 그 사실이 표면으로 떠올랐을 뿐, 우리는 항상 1인 시대에 살고 있었다. 세상을 뒤집어엎는 혁명도 개인의 불만으로 시작되었고, 공상영화 같은 데서 등장하는 우주관광도 개인의 생각에서 시작되었다. 이렇게 보면 모든 일은 개인에서 시작되며, 개인 생각에 동조한 누군가 나타나서 조직이 되고, 조직은 결국 트렌드를 만들어낸다.

1인 기업은 빠른 의사결정과 신속한 행동이 가장 큰 장점이다. 장점을 극대화하기 위해 질문자의 말처럼 트렌드가 무엇인가를 포착하고 빠르게 따라갈 수 있다. 그런데 진정으로 1인 기업의 장점을 극대화하는 방법은 트렌드를 먼저 만들어내는 것이다.

트렌드는 현재 문화를 반영한다. 트렌드를 만드는 일은 하나의 문화를 만드는 일이다. 성공한 1인 기업을 보면 트렌드를 따라 하기보다 트렌드를 만든다. 그리고 대중과 호흡하며 결국에는 하나의 문화를 만드는 데까지 나아간다.

트렌드는 만질 수도 없고, 볼 수도 없는 추상적인 생각인데 어떻게 만들어야 할까? 중국의 10대 명강사 중 하나인 자오위핑(趙玉平) 관리학박사는 트렌드를 만들어내는 문제를 간단하게 정리했다.

"생각을 구현하기 위해서는 구체적이고 실질적인 매개체가 있어야 한다."

자오위핑 박사는 구체적이고 실질적인 매개체로 의식, 이야기, 구호 세 가지를 말했다. 1인 기업은 트렌드를 따라가기에 앞서 트렌드를 만드는 데 세 가지를 활용할 필요가 있다.

새로운 트렌드는 기존 트렌드에 변화를 주는 행동이다. 변화에는 변화시키려는 목적이나 이유 등 확고한 의식이 있어야 한다. 즉 왜 변화해야 하는지부터 정립해야 한다. 트렌드를 이끌고 싶다면 기존 트렌드를 바꿔야 한다는 의식부터 갖추자.

이야기는 사람들 머릿속에 오랫동안 남는 장점이 있으며 트렌드를 바꿔야 하는 정당한 근거를 그 안에 녹일 수 있다. 이야기를 흡수하다 보면 바꿔야 하는 이유도 거부감 없이 수용한다. 이런 속성 때문에 트렌드를 만들어 제품을 파는 기업은 이야기 수집과 변형에 많은 공을 들이고 있다. 1인 기업도 본인의 이야기를 형식에 맞게 변형하거나, 판매하는 제품에 이야기를 넣는다면 트렌드를 주도할 수 있다.

마지막으로 구호는 핵심 메시지를 단순명쾌하게 하여 대중의 기억 속에 각인시킨다. 구호의 특성상 혼자만 외칠 것이 아니라 다수가 외칠 수 있도록 만들어야 한다.

자오위핑 박사의 말처럼 구체적이고 실질적인 매개체를 활용해서 트렌드를 따라가기보다 먼저 이끌어나간다면 사람들 기억 속에 최초 또는 최고의 1인 기업으로 기억될 수 있다.

성공한 1인 기업은 트렌드를 따라가지 않는다. 가장 앞자리에서 트렌드를 만들어간다. 새로운 트렌드를 만들어가기 위해 끊임없이 배우고 성장하지만, 최신 트렌드를 무조건 배워야 한다며 기웃거리지 않고 자신의 개성과 노하우에 세 가지 도구를 활용해서 트렌드를 이끌어나간다.

또 트렌드를 한 번 이끌었다고 해서 그 한 번의 이벤트로 끝내지 않고, 건설적인 의심과 재창조로 트렌드를 계속 주도한다. 이 힘이 쌓이면 누구도 넘볼 수 없는 문화와 철학이 탄생한다. 이런 변화는 한 사람에서 시작되며, 한 사람이 결국 1인 기업이다.

내 분야에서 트렌드를 따라가기 위해 기웃거리기보다 트렌드를 창조하고 먼저 이끌어보자. 트렌드 사냥꾼보다 더 높은 위치는 트렌드 선구자다. 선구자가 1인 기업이 된다는 사실을 기억하자.

내 인생의 대표작을
내놓겠다는 마음으로

새벽 공판장에 가면 하루에도 수십 번 흥정을 하는 상인들, 바쁘게 짐을 싣고 어딘가로 가는 사람들, 주차관리에 정신없는 경비원, 무슨 소리인지 몰라도 다 알아듣고 판매하는 공판장 경매사, 바쁘게 커피를 타는 손수레 커피 아주머니 등 잠에 빠진 세상과 정반대의 모습을 볼 수 있다.

새벽 공판장에서 일하는 사람이라고 새벽잠이 없겠는가. 나를 위해, 사랑하는 가족을 위해 참고 견디며 일할 따름이다. 그들의 모습을 볼 때마다 일하는 사람을 존경하고 일의 소중함을 느끼게 되며 나도 모르게 고개가 숙여진다.

공판장에서 느낀 것처럼 일이란 우리 삶에서 너무나 소중한 존재다. 일이 있기에 나와 가족의 생계도 유지하고, 일이 있기에 사회에 공헌도 할 수 있으며, 일이 있기에 나의 능력도 발휘할 수 있다. 또 일이 있기에 이 세상에 내가 있음을 알릴 수 있다.

우리가 받는 모든 교육은 일을 하기 위한 준비 단계다. 휴식을 취하고 수면을 취하는 것도 일을 하기 위해서라고 본다면 우리 삶 전체가 일로 이루어졌다고 할 수 있다. 그래서 일 때문에 괴롭다면 우리의 삶은 괴로움의 연속일 것이다.

이런 생각을 회피하기 위해 "일만 생각하면 골치 아파. 인생 뭐 있어?"라며 일과 삶을 분리해서 생각하게 한다. 하지만 꿈, 비전, 생계 등 모든 것은 일을 통해서만 유지되고 발전할 수 있다.

일은 우리의 삶이고, 일은 나를 이야기해준다. 그렇기에 일을 선택할 때는 무엇보다 신중해야 한다. 이런 사실을 알면서도 연봉 정보나 직급체계를 알려주는 사람은 많지만 일에 대한 진지한 고민을 들어주거나 방향을 알려주는 사람은 많지 않다.

야간 대학교에 다니며 용접과 기계조립 기능공으로 일하던 시절, 용접 마지막 공정에는 경력 30년 차 용접 기능장(최고 기능인)이 최종 검수를 했다. 제품생산 9단계를 거치면서 30명의 사람이 보지 못한 불량을 그 용접 기능장 한 분이 찾아내는 모습을 볼 때마다 놀라웠다. 그가 직접 용접을 할 때는 용접 준비, 자세, 비드(접합 부분) 형성 등 모든 과정이 나에게는 감탄의 대상이었다. 책으로만 접했던 직업적 고수가 무엇인지 직접 볼 수 있는 기회였다.

공장 안의 불합리를 개선하는 분임조 활동이라는 것이 있었는데, 운 좋게 그분과 함께하게 되었다. 그분에게서 끊임없이 나오는 개선 아이디어와 젊은 사람도 따라잡지 못할 창의력으로 우리 분임조는 우수한 성적을 받아 많은 혜택을 누렸다. 창의는 개인의 관찰과 노력 차이이지 나이와는 상관이 없다는 것을 직접 경험했다.

1년 후 그분은 정년퇴임을 했다. 직업학교에서 시간제로 용접을 가르치며, 근처 개방교도소에 출장 강의를 나간다는 소식을 들었다. 한평생 쌓은 노하우로 사회에 공헌하는 모습을 보며 정말 재능을 남김없이 발휘하고 있다는 생각이 들었다.

정년퇴임 회식 자리에서 나에게 "천복을 따르라"고 하시던 목소리가 아직도 기억에 남는다. 당시 내 머릿속에는 '더 많은 자격증을 따서 연봉을 올려야지', '다른 회사는 얼마 준다는데 이직할까?' 등 당장 눈앞에 있는 이슈로 꽉 차 있었다. 나뿐 아니라 주변 사람들의 상황도 대부분 비슷했다. 하지만 한 분야에서 최고 경지에 오른 사람의 '천복을 따르라'라는 조언은 너무나 강하게 다가왔다.

'천복을 따르라'는 뜻이 무엇일까 고민하며, 일하는 수많은 사람을 관찰했다. 그 안에는 자기만의 철학으로 일하는 사람도 있었고, 일할 때는 확실하고 퇴근 후 누구보다 화끈하게 즐기는 사람, 반쯤 졸린 상태에서 주말만 기다리며 대충 일하는 사람, 업무보다 사내 정치에 더 신경을 쓰는 사람, 시작 전부터 의욕을 꺾는 사람 등 많은 사람이 있었다.

어느 삶이 정답이라 말할 수는 없을 것이다. 그렇지만 '천복을 따르라'를 생각한다면 내 재능을 남김없이 발휘하는 일을 하는 사람이 누구보다 자신의 천복을 따르고 최소화된 후회로 삶을 사는 사람이라 생각한다.

이 책을 보고 있는 사람이 어떤 사람인지 나는 모른다. 지금 하고 있는 일에 만족하고, 이 일로 내 인생의 대표작을 내놓겠다는 마음으로 일하는 사람일까? 아니면 반쯤 졸린 상태에서 일하고 있으며, 일할 때 무언가 모르는 공허함을 느끼는 사람일까? 누가 됐든, 삶의 마지막 순간에 회한으로 눈물을 흘리고 싶지는 않을 것이다.

그렇다면 한 번뿐인 인생, 내가 가지고 태어난 재능을 남김없이 쏟아부어 보는 것은 어떨까. 그렇게 하기 위해 가장 적절한 방식이 1인 기업이 되는 것이라고 나는 확신한다. 그러하기에 하늘이 준 천복을 따르고, 내 인생에서 최대치의 능력을 유감없이 발휘하는 1인 기업을 모든 사람이 꿈꾸길 바란다.